하나님 나라와 기독교 세계관

하나님 나라와 기독교 세계관

초판 1쇄 발행 / 2021년 12월 20일
초판 2쇄 발행 / 2025년 2월 20일

지은이 / 김덕종
펴낸이 / 신은철
펴낸곳 / 좋은씨앗
출판등록 / 제4-385호(1999. 12. 21)
주소 / 서울시 서초구 바우뫼로 156(MJ 빌딩), 402호
주문전화 / (02)2057-3041 주문팩스 / (02)2057-3042

www.facebook.com/goodseedbook

ISBN 978-89-5874-412-2 04230

ⓒ 김덕종 2021

이 책의 저작권은 저자와 독점계약한 도서출판 좋은씨앗에 있습니다.
신저작권법에 의하여 보호를 받는 저작물이므로 무단 전재와 복제를 금합니다.

하나님 나라와 기독교 세계관

김덕종

좋은씨앗

차례

추천의 글 • 6

여는 글 • 9

✳

1. 기독교 세계관이란 무엇인가? • 12

시작된 하나님 나라

2. 하나님 나라의 의미 • 22

3. 하나님 나라의 시작 • 28

4. 하나님 나라의 통치 • 38

새로운 하나님 나라

5. 통치 대행자의 실패 • 52

6. 새로운 통치자 • 59

7. 새로운 하나님 나라의 백성 • 65

8. 하나님 나라의 백성이 살아가는 땅 • 79

세상 속의 그리스도인

9. 세상을 바꾸는 교회 • 104

10. 세상을 바꾸는 힘, 기도 • 124

11. 세상을 바꾸는 힘, 순종 • 131

✳

닫는 글 • 139

기독교 세계관 관련 추천도서 • 142

추천의 글

저자의 책들은 술술 읽힙니다. 내용이 가벼워서가 아니라 중요한 성경의 진리를 쉽게 풀어내기 때문입니다. 이 책 또한 나와 이웃, 세상을 바라보는 성경적 관점을 '하나님 나라'의 입장에서 간략하지만 심도 있게 설명합니다. 하나님이 완전하게 창조하신 우주만물의 통치권이 어떻게 사람에게 주어졌는지, 죄로 인해 무질서와 혼돈이 지배하게 된 세상과 그리스도인의 관계가 어떠한지를 보여줍니다. 그리고 하나님의 사람들이 기도와 순종을 통해 하나님의 나라를 이루어갈 것을 강권합니다. 한국교회에는 경건주의라는 아름다운 전통이 있지만, 포스트모더니즘이 팽배한 오늘날 우리는 개혁신학이 가르치는 하나님 나라의 세계관이 어느 때보다 절실히 필요합니다.

신앙과 삶을 성경의 반석 위에 굳게 세우는 데 큰 도움이 되는 이 책의 일독을 강추합니다.

현유광 _서울성경신학대학원대학교 총장

이 책은 글의 농도 조절이 매우 잘 되어 있습니다. 쉽게 설명해야 하는 부분에서는 눈높이를 낮추고, 반드시 설명하고 짚고가야 할 부분에서는 실제 경험과 성경의 근거, 문화적인 실례를 적극적으로 동원합니다. 세계관에 대한 많은 책들이 개념의 역사와 철학적 논증을 주로 기술하기에 대중이 선뜻 다가가기가 어렵고, 삶과 문화에 대해서는 방어적으로 설명하는 데 멈추어 아쉬울 때가 있습니다. 그런데 이 책은 기독교 세계관에서 전통적으로 사용하는 창조, 타락, 구속의 안경에 덧대어 '하나님 나라'라는 렌즈를 장착하여 이야기를 쉽게 풀어갑니다. 창조 때부터 시작되어 완성되어가고 있는 하나님 나라를 주축으로 논증하니 방어하는 데 머물지 않고 적극적으로 실천적인 주제를 펼쳐냅니다. 초보자에게는 기독교 세계관에 대한 기본적인 안내를, 숙련자에게는 사고의 외연을 넓혀주는 매력적인 책입니다.

박민근 _이음교회 담임목사

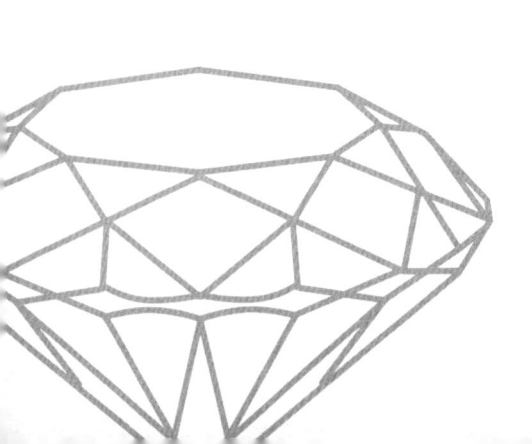

여는 글

해마다 연말이 되면 나오는 책이 한 권 있습니다. 서울대 소비 트렌드 분석센터에서 내는 『트렌드 코리아』입니다. 다음해 우리 사회에 경제적, 사회적, 문화적으로 어떤 것이 유행할지 열 개의 키워드를 선정하여 예측하는 책입니다. 올해도 『트렌드 코리아 2022』가 나왔습니다. 이 책에서 제시하는 2022년에 유행할 키워드 열 가지는 다음과 같습니다.

'나노사회, 머니러시, 득템력, 러스틱 라이프, 헬시 플레저, 엑스틴 이즈 백, 바른생활 루틴이, 실재감 테크, 라이크커머스, 내러티브 자본.'

단어만 보아서는 무슨 말인지 잘 모르는 것들이 많습니다. 특정한 현상을 다소 무리하게 끌어다 써서 그렇기도 하지만,

세상이 점점 더 빨리 변화하고 복잡해져 따라잡기가 힘듭니다. 하루가 멀다 하고 새로운 개념이 생기니 성도로서 어떻게 판단하고 행동해야 하는지 결정하기도 어렵습니다.

내년 3월에는 대통령 선거가 있습니다. 여야 후보들이 자기를 뽑아달라고 열심히 선거 운동을 하고 있습니다. 예전에는 누구를 뽑을지 결정하기가 어렵지 않았습니다. 민주화 운동이 한창이던 시절에는 민주와 반민주라는 선명한 전선이 있었습니다. 그 뒤에도 보수냐 진보냐 하는 틀에서 자신의 자리를 정하면 되었습니다. 누가 내 편인지 분명했습니다. 둘 중에 하나만 선택하면 되었습니다.

지금은 하나의 자리에만 있기가 쉽지 않습니다. 진보와 보수의 대립이라는 큰 틀이 있기는 합니다. 하지만 이 틀 안에서 젠더 문제, 세대 문제, 환경 문제, 성소수자 문제, 난민 문제, 복지 문제 등 예전에는 그리 중요하게 생각하지 않았던 다양한 사안들이 또 하나의 틀을 형성하며 부각되고 있습니다. 정치적 입장이 같더라도 사안마다 의견이 많이 갈립니다. 예전처럼 분명하게 내 편 네 편을 가르기가 힘든 세상이 되었습니다.

이런 세상에서 그리스도인은 어떤 입장을 가지고 어떻게 살아야 할까요? 이럴 때 더욱 절실해지는 것이 기독교 세계관입니다. 물론 기독교 세계관이 모든 구체적인 사안에 대한 답을 제공하지는 않습니다. 하지만 변화무쌍하고 수많은 가치관과 관점이 혼재된 세상 속에서 변치 않는 진리에 근거한 틀을 가지고 사안들을 볼 때, 흔들리던 판단이 중심을 잡고 뿌옇던 시야가 맑아지며 우리가 가야 할 길이 보일 것입니다.

하나님 나라라는 큰 틀 속에서 우리가 지금 어디에 와 있고 어디를 향해 가고 있는지 보게 될 것입니다.

혼돈의 시대 속 그리스도인이 갖춰야 할 기독교 세계관 첫 수업, 이제 들어갑니다.

1. 기독교 세계관이란 무엇인가?

기독교 세계관이 무엇인지 본격적으로 알아보기 전에 '기독교 세계관'이라는 용어 자체부터 살펴보겠습니다. 이것은 기독교, 세계, 관이라는 세 단어로 되어 있습니다. 각 단어가 무엇을 의미하는지 보겠습니다.

관 – 눈을 부리부리하게 뜨고 보다

먼저 '관'(觀)입니다. '관' 자를 한자로 보면 좀 복잡하지만 재밌습니다. 이 글자는 황새 관(雚) 자와 볼 견(見) 자가 결합한 모습입니다. 황새가 눈을 부리부리하게 뜨고 자세히 보는 것을 의미합니다. 자세히 본다는 것은 어떤 사물이나 사건을 그냥 바라보는 것이 아니라 자신의 생각을 가지고 보는 것을 말합니다. 이것을 관점이라고 합니다. 같은 사실이라도 바라보는 관점에 따라 해석이 완전히 달라질 수 있습니다. 창세기 3장 12절을 예로 들어보겠습니다.

> 아담이 이르되 하나님이 주셔서 나와 함께 있게 하신 여자 그가 그 나무 열매를 내게 주므로 내가 먹었나이다.

아담이 하나님의 명령을 어기고 선악과를 따먹습니다. 하나님이 선악과를 따먹은 아담에게 "네가 먹었느냐"고 물으시자 아담이 이렇게 대답했습니다.

아담의 대답을 팩트체크 해보겠습니다. 우선 "하나님이 주셔서 나와 함께 있게 하신 여자"라는 구절입니다. 아담의 아내 하와는 하나님이 아담에게 주신 짝이 맞습니다. 사실입니다. 다음은 "그가 그 나무 열매를 내게 주므로"입니다. 하와가 아담에게 열매를 준 것이 맞습니다. 역시 사실입니다. 그 결과 아담이 열매를 먹었습니다. "내가 먹었나이다." 사실입니다.

이렇게 보면 아담이 하나님께 대답한 내용은 거짓이 없는 팩트, 사실입니다. 그런데 단순한 사실보다 중요한 것이 있습니다. 이 사건을 바라보는 아담의 관점입니다. 아담의 대답에는 어떤 생각이 깔려 있습니까? 이런 것이 아닐까요? '선악과를 먹은 것은 사실이지만 내 잘못은 아니다. 여자가 주어서 먹었다. 그 여자는 하나님이 주신 짝이다. 결국 이게 다 하나님의 잘못이다.' 하나님이 아담에게 "네가 먹었느냐"고 물으신 것은 사실 관계를 파악하기 위해서가 아니었습니다. 하나님은 아담이 선악과를 먹은 일을 이미 알고 계셨습니다. 그럼에도 물어보신 것은 아담이 잘못을 시인하고 회개하기를 원하셨기 때문입니다. 같은 사건이라도 관점에 따라 이처럼 완전히 다르게 보일 수 있습니다.

역사도 그렇습니다. 혹시 역사는 과거에 일어난 사건을 기록한 것이므로 객관적이라고 생각하고 있지는 않습니까? 하지만 역사만큼 주관적인 것도 없습니다. 역사가 과거에 일어난 사건의 기록인 것은 맞습니다. 과거에 일어난 일은 바뀌지 않지요. 그러나 과거의 일을 빠짐없이 기록하기란 불가능합니다. 역사가가 과거에 일어난 일 중에서 의미 있고 중요하다고 판단하는 사건을 선택하여 기록한 것이 역사입니다. 그러므로 무엇이 중요하고 중요하지 않은지는 역사가가 역사를 바라보는 관점, 즉 역사관에 따라 달라집니다. 같은 사실일지라도 역사관에 따라 그 사실은 완전히 다른 해석을 거쳐 기록될 수 있습니다.

세계관 – 안경을 쓰고 세계를 보다

세계관이란 간단히 말해, 세계를 바라보는 관점입니다. 내가 지금 살고 있는 세상을 어떻게 바라보느냐 하는 것입니다. 세상에는 수많은 일들이 일어납니다. 동일한 사건이라도 그에 대한 해석은 전혀 다를 수 있습니다. 그래서 세계관을 안경에 비유하기도 합니다.* 빨간색 안경을 쓰면 세상이 빨갛게 보이고, 파란색 안경을 쓰면 파랗게 보입니다. 자신이 쓰고 있는 안경 색깔, 즉 관점에 따라 세상이 다르게 보이는 것입니다. 그래서 세계관은 아주 중요합니다.

우리나라 대한민국을 예로 들어보겠습니다. 우리나라를 바라보는 관점은 여럿일 수 있습니다. 그런데 국민마다 관점이 다르면 나라가 평안할 수 없습니다. 조금씩은 다르더라도 기본적으로 공통된 관점이 있어야 합니다. 그것이 기준입니다. 우리나라의 가장 기본적인 기준을 제시하는 것이 헌법입니다. 대한민국의 헌법은 대한민국이 어떤 나라인지 기준을 제시합니다. 그 기준에 따라 대한민국의 다른 일들에 대해서도 판단합니다. 우리나라 헌법 1조 1항은 이렇게 되어 있습니

---

* 신국원, 『니고데모의 안경』(IVP, 2015)

다. "대한민국은 민주공화국이다." 헌법은 대한민국을 민주공화국이라고 정의합니다. 사람들마다 진보니 보수니 하는 정치 색깔은 다를 수 있지만, 그래도 민주공화국이라는 큰 틀 안에서 활동합니다. 대한민국에 살면서 민주공화국을 반대하는 세력은 반국가 단체가 됩니다.

  헌법이 말하는 민주공화국은 어떤 나라인가요? 1조 2항을 보겠습니다. "대한민국의 주권은 국민에게 있고, 모든 권력은 국민으로부터 나온다." 한 나라가 어떤 나라인지를 알기 위해서는 그 나라의 주권이 누구에게 있는지 보아야 합니다. '공화국'이란 왕에게 주권이 없는 나라, 왕이 통치하지 않는 나라를 뜻합니다. 왕에게 주권이 없다면 주권을 가진 다른 세력이 있겠지요. 민주공화국은 주권이 국민에게 있는 나라입니다. 헌법의 다른 항목들은 민주공화국을 유지하기 위한 세부사항을 담고 있습니다. 현재 우리나라가 어떤 나라이고, 어떤 나라여야 하는가는 헌법을 기준으로 보면 됩니다.

  그렇다면 한 나라를 넘어 우리가 살고 있는 이 세상이 어떤 상황이고, 어떤 세상이 되어야 하는가는 어떤 기준으로 보아야 할까요? 더욱이 이 세상에서 살아가는 그리스도인은 어떤 안경을 끼고 세상을 보아야 할까요? 다시 말해 어떤 세계관을 가져야 할까요?

기독교 세계관 – 성경의 눈으로 세계를 보다

기독교 세계관이란 기독교적 관점으로 세계를 보는 것을 말합니다. 기독교적 관점이라고 할 때는 기준이 있습니다. 우리나라에 헌법이 있는 것처럼 모든 것을 판단할 수 있는 가장 기본적인 기준, 바로 성경입니다. 다시 말해 기독교 세계관이란 성경이 말하는 바에 따라 세계를 보는 것을 말합니다. 성경이라는 안경을 끼고 세상을 보는 것입니다.

그렇다면 성경을 통해 바라본 우리가 사는 세계는 어떤 곳일까요?

예전에 기독교 세계관 운동이 한창일 때 많이 대두된 성경의 관점이 있습니다. 창조-타락-구속의 관점입니다. 성경에 나오는 창조-타락-구속의 구도로 세계를 바라보는 것입니다. 이러한 구도를 어디선가 한 번쯤 듣고 보았을지도 모르겠습니다. 사영리 같은 전도지에서 많이 볼 수 있는 형식입니다. 하나님의 인간 창조, 인간의 죄로 인한 타락, 예수님의 십자가를 통한 구원을 담고 있지요. 이런 내용을 개인의 구원이 아니라 세계 전체로 확대한 것입니다.

하나님은 세상을 선하게 창조하셨습니다. 하지만 인간의 죄 때문에 선하게 창조된 세상에 악이 들어오면서 세상은 왜

곡되었습니다. 예수님의 십자가는 인간을 구원할 뿐만 아니라 죄 때문에 왜곡된 세상도 구속하여 회복합니다.

창조-타락-구속의 관점으로 세계를 보면 여러 가지로 유익합니다. 영은 선하고 육은 악하다고 보는 이원론을 배격하고 물질세계를 긍정하게 됩니다. 하나님은 물질세계도 창조하셨습니다. 처음 창조하신 물질세계는 하나님이 보시기에 좋고 선한 세상이었습니다. 우리가 지금 보고 있는 세상은 원래 자체가 악한 것이 아니라 우리 죄 때문에 왜곡된 상태입니다. 이런 시각으로 물질세계를 바라보면 우리가 해야 할 일이 분명해집니다. 예수님의 십자가로 구원받은 그리스도인은 자신뿐만 아니라 자신이 살아가는 이 세계에 대해서도 깊이 생각하고 바르게 반응해야 하는 일로 부르심을 받았기 때문입니다. 그런 의미에서 기독교 세계관 운동은 세상에 선한 영향력을 미칠 수 있습니다. 그러므로 성경을 창조-타락-구속의 관점으로 보면서 기독교 세계관을 설명하는 것은 아주 좋은 접근법입니다.

하지만 저는 조금 다른 방식으로 기독교 세계관을 설명하려고 합니다. 바로 '하나님 나라'의 관점입니다. 이 둘은 전혀 다른 내용이 아닙니다. 다만 풀어가는 방식이 조금 다를 뿐입니다. 그럼에도 그동안 많이 사용된 창조-타락-구속의 관점이 아니라 하나님 나라의 관점으로 기독교 세계관을 설명하는 것은, 이것이 좀 더 구체적이고 실천적이라고 생각하기 때문입니다. 하나님 나라의 관점으로 기독교 세계관을 설명하는 것은 이 세계가 본래 하나님의 나라로 창조되었다는 것을 전제합니다. 인간의 죄 때문에 이 하나님 나라에 문제가 생겼습니다. 문제가 생긴 이 세계를 창조 때 원래 의도된 하나님 나라로 세워가야 할 책임이 우리에게 있습니다.

이제부터 하나님 나라가 무엇인지, 하나님 나라로 창조된 세계는 어떤 곳이었는지, 왜 문제가 생겼는지, 우리가 앞으로 어떻게 이 세계를 하나님 나라로 세워갈 수 있는지 풀어가보겠습니다.

❖ **정리와 나눔**

1. 오늘날 우리 사회를 지배하고 있는 사상이나 가치관은 무엇이라고 생각합니까?
2. 기독교 세계관이란 무엇입니까? 자신의 말로 정리해보세요.
3. 세계를 창조-타락-구속의 관점으로 볼 때 어떤 장점이 있습니까?

시작된 하나님 나라

2. 하나님 나라의 의미

교회에서 많이 하는 말 중에 이런 것이 있습니다. "예수님 믿고 천국 갑시다." 보통 '구원받는다'는 말과 '천국 간다'는 말을 비슷한 의미로 사용합니다. 그러니 이 말은 "예수님 믿고 구원받읍시다"와 의미가 별반 다르지 않습니다.

'예수님 믿고 구원받는다', 맞는 말입니다. 그런데 '예수님 믿고 천국 간다', 이 말은 정확한 표현이 아닙니다. 어디가 이상합니까? '예수님', '믿고', '천국', '간다' 네 단어 중 무엇이 잘못되었을까요? 정답은 마지막 '간다'입니다. 천국은 가는 곳이 아닙니다. 마태복음 7장 21절을 보겠습니다.

나더러 주여 주여 하는 자마다 다 천국에 들어갈 것이 아니요

다만 하늘에 계신 내 아버지의 뜻대로 행하는 자라야 들어가리라.

이 구절에서 천국에 "갈 것이 아니요"가 아니라 "들어갈 것이 아니요"라고 말합니다. 천국은 가는 곳이 아니라 들어가는 곳입니다. 마태복음 18장 3절입니다.

이르시되 진실로 너희에게 이르노니 너희가 돌이켜 어린 아이들과 같이 되지 아니하면 결단코 천국에 들어가지 못하리라.

여기서도 천국은 '가는 곳'이 아니라 '들어가는 곳'이라고 말합니다. 그런데 보통 우리는 천국에 간다는 표현을 많이 사용합니다. 왜 그럴까요?

천국 하면 이런 그림이 떠오르지 않습니까? 앞에는 에메랄드 빛 바다가 펼쳐져 있고, 뒤에는 야자수를 비롯해 온갖 과일나무가 풍성하게 우거진 곳 말입니다. 이렇게 천국을 특별한 공간으로만 생각하니 천국은 가는 곳이 됩니다. 죽어서 가는 파라다이스로만 생각합니다. 하지만 성경에서 말하는 천국은 이런 그림과 다소 거리가 있습니다.

천국인가, 하나님 나라인가

하나 더 생각해볼 것이 있습니다. '천국'과 '하나님 나라'는 어떻게 다를까요? 누군가 그러더군요. 천국은 죽어서 가는 곳이고, 하나님 나라는 현재 살아가는 곳이라고요. 천국은 내세이고, 하나님 나라는 현세라는 말입니다. 이 대답이 과연 맞을까요? 다음 두 구절을 비교해보겠습니다.

> 예수께서 온 갈릴리에 두루 다니사 그들의 회당에서 가르치시며 천국 복음을 전파하시며 백성 중의 모든 병과 모든 약한 것을 고치시니(마 4:23).

> 예수께서 이르시되 내가 다른 동네들에서도 하나님의 나라 복음을 전하여야 하리니 나는 이 일을 위해 보내심을 받았노라 하시고(눅 4:43).

두 구절은 거의 같은 내용입니다. 예수님이 두루 다니면서 복음을 전파하신다는 말씀입니다. 마태복음은 이것을 '천국 복음'이라고 하고, 누가복음은 '하나님의 나라 복음'이라고 합니다. 천국과 하나님의 나라가 같은 의미로 사용되고 있습니다. 사실 복음서에서 천국이라는 말은 마태복음만 쓰고 있습니다. 마태복음과 같은 내용을 다루고 있는 다른 복음서를 보면 '천국' 대신에 '하나님의 나라'라는 단어를 쓰고 있습니다.

왜 마태복음은 다른 복음서와 달리 천국이라는 말을 주로 사용했을까요? 복음서를 처음 받은 수신자가 다르기 때문이라고 학자들은 설명합니다. 예를 들어 누가복음은 누가가 데오빌로 각하라는 이방인 관리에게 쓴 서신입니다. 누가복음의 첫 수신자가 이방인이었던 것입니다. 반면에 마태복음을 분석해보면 유대인을 위해 쓴 복음서라는 사실을 알 수 있습니다. 유대인들은 하나님의 이름을 입에 잘 올리지 않는 언어 습관이 있습니다. 십계명 중 제3계명의 영향입니다. "너는 네 하나님 여호와의 이름을 망령되게 부르지 말라." 그러다보니 하나님 나라 대신에 천국, 하늘나라라는 말을 사용했습니다. 하나님의 이름을 직접 언급하는 대신에 하나님이 계시다고 생각되는 하늘을 에둘러 사용한 것입니다. 그러니 천국과 하나님 나라는 같은 뜻을 가진 단어입니다.

'천국'이라는 말만 듣고 우리는 오해하기 쉽습니다. 천국 하면 지금 우리가 살고 있는 이 세상이 아닌, 저 하늘 어딘가에 있는, 죽어서 가는 특별한 장소라는 생각이 자꾸 들기 때문입니다. 다시 말하지만 천국과 하나님 나라는 같은 말입니다.

천국은 '가는 곳'이 아니라 '들어가는 곳'입니다. 물리적인 장소가 아닌 어떤 영역에 들어가는 것입니다. 그렇다면 천국, 즉 하나님 나라는 구체적으로 어떤 곳일까요?

하나님 나라 입장하실게요

'경술국치'라는 말이 있습니다. '경술년에 일어난 나라의 치욕스러운 일'이라는 뜻입니다. 일제는 1905년 을사조약을 통해 우리의 외교권을 빼앗고, 1907년 한일신협약을 통해 우리의 군대를 해산했습니다. 마침내 경술년인 1910년 8월 29일 강제 한일합병 조약을 통해 우리나라를 완전히 빼앗아 식민지로 삼았습니다.

여기서 잠시 생각해보겠습니다. 일본에 나라를 빼앗겼다는 것은 무슨 뜻일까요? 강제 합병 뒤에도 조선의 백성은 그대로 있었습니다. 모든 조선의 백성이 일본으로 강제 이주되지 않았습니다. 강제 합병 뒤에도 조선 땅은 그대로 있었습니다. 지진과 같은 자연재해가 일어나도 땅은 사라지지 않습니다. 조선 백성도 그대로 있고, 조선 땅도 그대로 있습니다. 그런데도 나라를 빼앗겼다고 합니다. 왜 그럴까요?

국가를 구성하는 세 가지 요소가 있습니다. 국민, 영토, 주권입니다. 이 중 하나라도 없으면 국가는 성립할 수 없습니다. 그래도 순위를 매긴다면 셋 중에서 주권이 가장 중요합니다. 주권이란 쉽게 말해 나라를 다스리는 권한을 누가 가지고 있는가 하는 문제입니다. 강제 합병으로 나라를 빼앗겼다는 것은 우리나라를 다스릴 권리를 빼앗겼다는 말입니다. 그 권리를 일제가 가져갔다는 말입니다. 아무리 땅과 백성이 있어도 주권이 없으면 더 이상 나라가 아닙니다.

하나님 나라도 마찬가지입니다. 하나님 나라의 핵심은 주권이 누구에게 있는가, 누가 통치하는가에 있습니다. 하나님 나라는 하나님이 통치하시는 나라입니다. 하나님이 왕으로, 주인으로 계시는 나라입니다. 그러므로 천국, 하나님 나라는 가는 곳이 아니라 하나님의 통치 아래로 들어간 상태를 말합니다. 하나님의 통치 영역으로 입장하는 것입니다.

❖ **정리와 나눔**

1. 천국 하면 가장 먼저 어떤 그림이 떠오릅니까?
2. 흔히 천국을 죽어서 가는 곳으로 생각하는 이유는 무엇입니까?
3. 하나님 나라가 무엇인지 자신의 말로 설명해보세요.

3. 하나님 나라의 시작

강제 한일합병이 되고 나서 독립운동이 무수히 일어났습니다. 많은 애국지사들이 나라의 독립을 위해 목숨을 바쳐 싸웠습니다. 이때 독립운동의 구심점이 된 곳이 있습니다. 상해임시정부입니다. 상해임시정부는 1919년 4월 11일에 중국 상해에 설립된 대한민국의 망명 임시정부입니다. 임시헌장 10개조를 제정 공포하면서 정부가 수립되었습니다. 대한민국 헌법 전문에도 "3.1운동으로 건립된 대한민국 임시정부의 법통을 계승한다"고 적시되어 있습니다.

하지만 상해임시정부는 말 그대로 임시정부입니다. 정부를 수립했지만 행정력이 미쳐야 하는 대한민국의 땅은 여전히 일제의 지배 하에 있었고, 대한민국의 국민도 그 땅에서 일제의 지배를 받았습니다. 국가의 구성 요소 중 가장 중요한 것은 주권이지만 영토와 국민이 없는 주권은 온전하지 못합니다.

하나님 나라도 마찬가지입니다. 하나님 나라는 하나님이 다스리시는 나라로서 주권이 하나님께 있습니다. 하나님이 통치하시려면 통치를 받는 백성과 그들이 사는 땅이 필요합니다. 하나님 나라의 백성과 땅은 언제 시작되었을까요? 하나님 나라는 언제 시작되었을까요?

안식과 통치

창세기 1장에는 천지창조 이야기가 나옵니다. 하나님이 6일 동안 천지를 창조하셨습니다. 하나님 나라의 관점에서 보자면, 천지창조는 하나님이 단순히 세상과 인간을 만드신 사건이 아니라, 하나님이 통치하시는 땅과 백성을 만드신 사건입니다. 즉 하나님 나라의 시작은 천지창조입니다. 그런 점에서 창조의 7일째 안식일이 중요합니다. 창세기 2장 3절입니다.

하나님이 그 일곱째 날을 복되게 하사 거룩하게 하셨으니 이는 하나님이 그 창조하시며 만드시던 모든 일을 마치시고 그날에 안식하셨음이니라.

하나님은 6일 동안 천지를 창조하고 7일째에 안식하셨습니다. 하나님이 안식하셨다는 말의 의미를 생각해보아야 합니다. 그것은 그냥 일 없이 쉬셨다는 말이 아닙니다. 하나님은 쉬실 수 없습니다. 아니 쉬시면 안 됩니다. 하나님은 창조하신 세상을 계속해서 돌보십니다. 하나님의 돌보심 없이 세상은 한시라도 유지될 수 없습니다. 하나님은 창조하신 세계를 지금도 보존하고 계십니다. 그렇지 않으면 이 세계는 당장이라도 파괴되고 말 것입니다. 하나님은 365일, 52주, 24시간 쉼 없이 일하고 계십니다. 그렇다면 하나님이 안식하셨다는 것은 무슨 의미일까요? 시편 11편 4절을 보겠습니다.

> 여호와께서는 그의 성전에 계시고 여호와의 보좌는 하늘에 있음이여 그의 눈이 인생을 통촉하시고 그의 안목이 그들을 감찰하시도다.

시인은 하나님이 성전에 계신다고 말합니다. 시인이 노래하는 성전은 사람들이 지상의 예루살렘에 지은 성전이 아닙니다. 하나님의 보좌가 하늘에 있다고 노래하고 있지 않습니까? 하나님의 성전은 보좌가 있는 하늘을 포함한 이 세계를 말합니다. 이사야 66장 1절입니다.

여호와께서 이와 같이 말씀하시되 하늘은 나의 보좌요 땅은 나의 발판이니 너희가 나를 위하여 무슨 집을 지으랴 내가 안식할 처소가 어디랴.

하나님은 사람들이 하나님의 집을 지을 필요가 없다고 말씀하십니다. 하늘이 그분의 보좌이고, 땅이 그분의 발판이기 때문입니다. 하늘과 땅은 하나님이 거하시는 집입니다. 우주는 하나님이 거하고 안식하시는 그분의 집으로 창조되었습니다. 이 역시 온 세계가 하나님의 집이요 성전이라는 말씀입니다. 그런데 시편 말씀도, 이사야서 말씀도 하나님이 안식하는 집에 그분의 보좌가 있다고 말합니다. 여기서 보좌는 어떤 의미일까요?

조선시대나 중세 유럽이 배경인 영화나 드라마를 보면 궁궐 내 정전이 자주 나옵니다. 여기서 왕과 신하들이 모여 국사를 의논합니다. 이때 의자에 앉아 있는 사람은 단 한 명 왕뿐입니다. 신하들은 모두 서 있습니다. 의자에는 통치자만 앉을 수 있습니다. 어떤 모임을 대표하고 회의를 주재하는 사람을 의장, 영어로 chairman이라고 합니다. 이것은 의자와 사람이 합쳐진 말입니다. 즉 의장은 의자에 앉은 사람입니다. 의자에 앉은 사람이 통치자입니다.

하나님이 안식하시는 집에 그분의 보좌가 있다는 것은 하나님이 그 집에서 통치하신다는 뜻입니다. 하나님의 안식과 통치가 연결되어 있습니다. 신명기 3장 20절을 보겠습니다.

여호와께서 너희에게 주신 것같이 너희의 형제에게도 안식을 주시리니 그들도 요단 저쪽에서 너희의 하나님 여호와께서 그들에게 주시는 땅을 받아 기업을 삼기에 이르거든 너희는 각기 내가 준 기업으로 돌아갈 것이니라 하고.

이 구절을 보면 이스라엘 백성이 요단 저쪽에서 기업을 받습니다. 이렇게 기업 받는 것을 가리켜 하나님이 안식을 주시는 것이라고 말합니다. 이스라엘 백성이 약속의 땅을 정복한 사건을 하나님이 안식을 주시는 것으로 설명합니다. 여기서도 통치와 안식이 연결되고 있습니다.

히브리서 4장을 보면 이스라엘이 가나안 땅을 정복하여 얻은 안식과 창조 때의 안식을 같이 말하고 있습니다. 성경의 마지막 책인 계시록도 그렇습니다. 종말의 때 하나님의 백성은 영원한 안식을 얻게 될 것입니다. 새 하늘과 새 땅은 어린 양과 전능하신 하나님이 보좌에 앉으신 곳, 왕으로 다스리시는 곳입니다. 여기서도 하나님의 통치와 안식이 연결되어 있습니다.

6일 동안의 사역으로 창조는 완성되었습니다. 이 세상이 하나님의 집이 되었고, 그 집에는 통치의 보좌가 있습니다. 7일째에 하나님이 안식하심은 그 집에서 왕으로 통치하심을 보여줍니다. 안식일은 하나님이 그분의 집에 있는 보좌에 앉아 왕으로 통치를 시작하신 날입니다. 세상을 창조하신 하나님이 통치하시므로 세상에는 안식이 있습니다. 세상의 안식은 오직 하나님의 통치 아래서만 가능합니다. 이렇듯 하나님 나라는 창조와 함께 시작되었습니다.

대행자를 통해 다스리심

대한민국은 민주공화국이고 그 주권은 국민에게 있습니다. 그렇다고 모든 국민이 통치 행위에 직접 참여할 수는 없습니다. 국민은 선거제도를 통해 자신을 대신하여 나라를 다스릴 대통령을 뽑습니다. 대통령은 이 나라의 최고 권력을 가지고 있습니다. 그것은 스스로 만든 권력이 아니라 국민에게 위임받은 권력입니다. 대통령이 주권자인 국민의 뜻을 거스르면 탄핵을 당하기도 합니다.

하지만 하나님 나라는 다릅니다. 하나님 나라는 하나님이 다스리시는 나라이고 그분이 유일한 주권자입니다. 하나님의

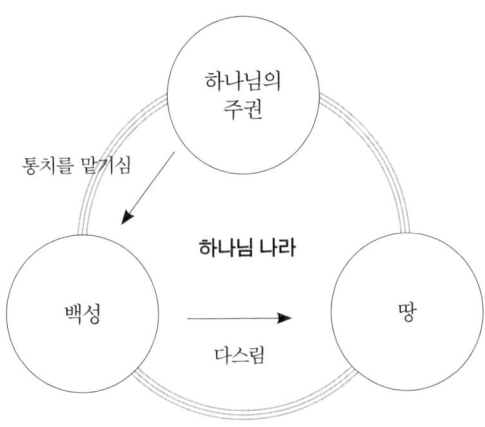

통치권은 누군가에게 위임받은 권력이 아닙니다. 그것은 이 땅을 지으신 창조자 하나님이 당연히 갖는 권리입니다. 그런데 하나님은 이 땅을 다스리는 권리를 직접 행사하지 않고 대행자를 세우셨습니다. 그 대행자는 사람입니다. 창세기 1장 26절을 보겠습니다.

> 하나님이 이르시되 우리의 형상을 따라 우리의 모양대로 우리가 사람을 만들고 그들로 바다의 물고기와 하늘의 새와 가축과 온 땅과 땅에 기는 모든 것을 다스리게 하자 하시고.

하나님은 창조의 마지막 날인 6일째 되는 날에 사람을 창조하셨습니다. 특별히 하나님의 형상과 모양을 따라 창조하셨습니다. '사람이 하나님의 형상대로 창조되었다'는 것과 관련해 신학적으로 정말 많은 해석과 설명이 나와 있습니다. 그 분량이 책 한 권을 넘길 정도입니다. 아주 간단히 말하자면 이것은 하나님이 사람을 하나님을 닮은 존재로 창조하셨다는 말입니다. 그렇게 창조하신 데는 목적이 있습니다. 바다의 물고기와 하늘의 새와 가축과 온 땅과 땅에 기는 모든 것을 다스리게 하기 위해서입니다. 하나님은 사람으로 하여금 창조하신 세계를 하나님 대신 다스리게 하셨습니다.

고대의 왕들은 다스리는 영토 곳곳에 자신의 동상을 세웠습니다. 그 영토가 자신의 통치 아래에 있음을 보여주기 위해서였습니다. 하나님은 창조하신 이 땅에 하나님을 대표하는 자를 세우셨습니다. 하나님의 형상을 따라 창조하신 사람을 세워 하나님의 통치를 대신하게 하셨습니다. 이것은 단순히 동상을 세우듯 비인격적으로 하나님을 대신 나타내는 역할을 맡겼다는 뜻이 아닙니다. 사람은 하나님과 특별한 관계에 있습니다. 창세기 5장에 아담의 족보가 나오는데, 그중에서 3절을 보십시오.

아담은 백삼십 세에 자기의 모양 곧 자기의 형상과 같은 아들을 낳아 이름을 셋이라 하였고.

하나님이 가인에게 살해당한 아벨 대신에 아담에게 주신 아들 셋에 대한 말씀입니다. 아담이 셋을 낳았습니다. 아담이 아들을 낳았는데 "자기의 형상과 같은 아들"이라고 성경은 말합니다. 형상이라는 말이 아버지와 아들의 관계를 묘사하는 데 사용되고 있습니다.

사람은 하나님의 형상으로 하나님을 대신해 세상을 다스리도록 지어졌습니다. 이때 사람은 아버지와 아들의 관계에 근거한 특별한 자격을 가집니다. 하나님은 사람을 처음부터 자녀로 지으셨습니다. 사람은 하나님의 자녀로서 이 땅을 다스리도록 지어진 존재입니다. 이 땅의 창조자요 만왕의 왕이신 하나님의 자녀 된 자격으로 이 땅을 다스립니다.

어릴 때 주일학교에서 많이 부른 찬양곡 중에 이런 것이 있습니다. 이렇게 시작하지요. "왕 왕 왕 왕 나는 왕자다 하나님 나라의 나는 왕자다." 2절의 처음은 이렇습니다. "공 공 공 공 나는 공주다 하나님 나라의 나는 공주다." 어린 시절에 재밌게 부르던 이 찬양의 가사는 아주 정확한 신앙고백입니다. 사람은 하나님의 형상으로 지어진 왕자이고 공주입니다. 유치하게 들릴지 모르지만, 때로는 아주 단순하고 어린 아이같이 믿을 필요도 있습니다. 사람은 하나님 나라의 왕자와 공주로서 이 땅을 다스릴 책임을 맡았습니다.

❖ 정리와 나눔

1. 하나님이 안식하셨다는 것은 무슨 의미입니까?

2. 하나님은 창조하신 이 세상을 어떤 방법으로 통치하십니까?

3. 요즘 어려운 경제 상황과 상대적인 박탈감, 불평등한 기회 등으로 위축되고 자존감이 낮아진 청년들을 많이 보게 됩니다. 당신은 어떻습니까? 스스로를 어떻게 보시나요? 성경은 당신을 어떤 존재라고 말합니까?

4. 하나님 나라의 통치

에덴동산에서 아담은 뭘 먹고 살았을까?

이제 하나님의 나라를 구성하는 요소가 다 갖추어졌습니다. 하나님이 창조를 통해 땅을 만드셨습니다. 그곳에 하나님의 백성인 아담과 하와를 두셨습니다. 하나님의 통치는 아담과 하와를 통해 이루어집니다. 아담과 하와는 하나님을 대신해 이 세계를 통치해야 합니다.

그렇다면 어떻게 통치해야 할까요? 이것을 알아야 성경의 눈으로 세계를 바르게 바라볼 수 있습니다.

먼저 질문을 하나 해보겠습니다. "아담과 하와는 에덴동산에서 뭘 먹고 살았을까요?" 질문이 좀 엉뚱하고 단순한 것 같아도 막상 대답하려면 쉽게 입이 떨어지지 않을 것입니다. 에덴동산 하면 우리 마음속에 떠오르는 그림이 있습니다. 과일나무가 풍성하고 아름다운 숲입니다. 맑은 시냇물이 흐르고, 나무마다 열매가 주렁주렁 달려 있습니다. 아담은 목이 마르면 냇가에서 물을 마시고, 배가 고프면 아무 나무에 가서 열매를 따먹는 등 채집생활을 했을 것 같습니다. 정말 그럴까요? 창세기 2장 5절을 보겠습니다.

> 여호와 하나님이 땅에 비를 내리지 아니하셨고 땅을 갈 사람도 없었으므로 들에는 초목이 아직 없었고 밭에는 채소가 나지 아니하였으며.

창세기 1장을 보면 식물은 셋째 날에, 사람은 여섯째 날에 창조되었습니다. 식물이 창조된 다음에 사람이 창조되었습니다. 그런데 위의 구절에서는 아직 들에 초목이 없고 밭에도 채소가 없다고 말합니다. 그런 다음 7절에 하나님이 흙으로 사람을 창조하신 일이 나옵니다. 얼핏 보기에 사람이 창조되기 전에는 아직 식물이 창조되지 않은 것만 같습니다.

하지만 5절에 쓰인 단어들을 잘 살펴보면, 여기에 나오는 초목과 채소는 야생에서 자연적으로 자라는 식물을 말하지 않음을 알 수 있습니다. 1장에서 창조된 식물은 야생에서 자라는 것들인 반면에, 2장 5절에 나오는 식물은 사람이 재배하는 작물입니다. 사람이 심고 가꾸어야 하는 것으로서 사람이 창조되기 전에는 자랄 수 없었지요. 이제 창세기 2장 15절을 보겠습니다.

> 여호와 하나님이 그 사람을 이끌어 에덴동산에 두어 그것을 경작하며 지키게 하시고.

하나님은 사람을 에덴동산에 두셨습니다. 여기서 '두셨다'는 동사를 유의해서 보십시오. 2장 8절에도 하나님이 에덴동산을 창설하고 지으신 사람을 거기에 '두셨다'는 표현이 나옵니다. 다만 원어를 보면 두 곳에 사용된 단어가 다릅니다.

8절에 쓰인 '두셨다'는 말 그대로 그냥 두셨다는 뜻이 강합니다. 15절에 사용된 '두셨다'는 '쉬다'라는 동사에서 온 말로서 안식의 의미가 있습니다. 하나님이 사람을 에덴동산에 두어 안식하게 하셨다는 말입니다. 하나님이 만드신 에덴동산은 안식이 있는 곳이었습니다. 안식했다는 것은 그냥 놀고먹고 쉬는 것을 의미하지 않습니다. 우리는 이미 앞에서 안식이 단순히 쉬는 것 이상의 의미가 있음을 살펴보았습니다. 안식은 통치와 깊은 관련이 있습니다.

　2장 15절을 보면 하나님이 사람을 에덴동산에 두고 두 가지 사명을 주십니다. 첫 번째는 경작하는 사명이고, 두 번째는 지키는 사명입니다. 정리하면 이렇습니다. 하나님이 사람을 에덴동산에서 안식하게 하셨는데, 그렇게 하신 것은 그곳을 경작하고 지키게 하기 위해서였습니다.

　경작이란 땅을 갈아 농사를 짓는 것입니다. 아담이 에덴동산에서 받은 첫 번째 사명은 땅을 갈고 농사를 짓는 것이었습니다. 앞에서 "아담과 하와는 에덴동산에서 뭘 먹고 살았을까요?"라는 질문을 했습니다. 물론 저절로 자란 나무에 달린 열매도 먹었을 것입니다. 하지만 아담은 열매만 먹은 게 아니라 농사를 지었고, 거기서 나는 작물을 먹고 살았습니다.

　혹시 노동이 죄의 결과라고 오해하고 있지는 않습니까? 실제로 창세기 3장에는 하나님이 불순종한 사람을 심판하시는 장면이 나옵니다. 죄를 지은 사람은 땀을 흘려야 먹고 살 수 있는 존재가 되었습니다. 그 때문에 땀 흘려 일하는 것은 죄의 결과, 즉 하나님의 심판이라는 잘못된 생각이 생긴 것 같습니다. 죄로 인해 노동의 의미가 왜곡된 것은 맞습니다. 그렇다고 노동 자체가 죄의 결과라고 할 수는 없습니다. 아담은 죄를 짓기 전에도 농사를 지었습니다. 곡식을 심고 채소를 거두었습니다. 하나님이 주신 땅에서 일하면서 먹고 살았습니다.

첫 번째 사명: 경작하라

문화 명령

하나님이 아담에게 땅을 경작하라고 명하신 것은 단순히 농사만을 의미하지 않습니다. '경작하다'에 해당하는 영어 cultivate에서 culture(문화)라는 단어가 나왔습니다.

한국민족문화대백과사전에서는 문화를 "한 사회의 개인이나 인간 집단이 자연을 변화시켜온 물질적·정신적 과정의 산물"이라고 요약합니다. 아담은 하나님이 주신 이 땅을 잘 개발하여 문명과 문화를 발전시키라는 사명을 받기도 한 것입니다. 이것이 하나님의 형상대로 창조된 사람이 이 땅을 통치하는 방법입니다.

창세기 1장에서 하나님은 사람을 하나님의 형상대로 창조하신 다음, 이 땅을 정복하고 다스리라고 명하셨습니다. 하나님이 사람에게 주신 이 최초의 지시를 '문화 명령'이라고 합니다. 사람은 창조되고 나서 바로 이 땅에서 문화를 만들어갈 책임을 맡았습니다. 아담이 범죄하지 않았더라도 에덴동산은 원시림 상태로 남아 있지는 않았을 것입니다. 아담이 계속해서 문화를 발전시켰을 테니 말입니다. 창세기 4장 20-22절은 사람이 문화를 발전시켜나가는 한 단면을 보여줍니다.

> [20] 아다는 야발을 낳았으니 그는 장막에 거주하며 가축을 치는 자의 조상이 되었고 [21] 그의 아우의 이름은 유발이니 그는 수금과 퉁소를 잡는 모든 자의 조상이 되었으며 [22] 씰라는 두발가인을 낳았으니 그는 구리와 쇠로 여러 가지 기구를 만드는 자요 두발가인의 누이는 나아마였더라.

20절에는 가축을 치는 자, 21절에는 수금과 퉁소를 잡는 자, 22절에는 구리와 쇠로 여러 가지 기구를 만드는 자가 나옵니다. 각각 목축업의 시작, 음악의 시작, 도구의 시작입니다. 사람들이 문화를 발전시키고 있습니다. 여기에 나오는 야발, 유발, 두발가인은 가인의 후손들입니다. 가인은 하나님께 잘못된 제사를 드렸고, 시기심에 사로잡혀 동생 아벨을 죽이고 떠돌아다니는 신세가 되었습니다. 이런 가인의 후손이 시작한 문화라고 해서 악한 것으로 치부하면 안 됩니다. 가인의 후손인 유발이 수금을 만들었지만, 다윗은 하나님을 찬양하는 귀한 도구로 이 수금을 사용합니다.

성경의 마지막 책인 계시록도 문화가 발전되는 양상을 보여줍니다. 요한계시록 21장 1-2절에는 새 하늘과 새 땅에 대한 말씀이 나옵니다.

> ¹ 또 내가 새 하늘과 새 땅을 보니 처음 하늘과 처음 땅이 없어졌고 바다도 다시 있지 않더라 ² 또 내가 보매 거룩한 성 새 예루살렘이 하나님께로부터 하늘에서 내려오니 그 준비한 것이 신부가 남편을 위하여 단장한 것 같더라.

세상 마지막 때에 새 하늘과 새 땅이 펼쳐집니다. 2절을 보면 새 하늘과 새 땅으로 거룩한 성 새 예루살렘이 하늘에서 내려옵니다. 성경의 첫 책 창세기에서 하나님은 하늘과 땅을 창조하고 에덴동산을 만드셨습니다. 에덴동산은 하나님이 인간과 함께하시는 일종의 성전이었습니다. 성경의 마지막 책 계시록에는 새 하늘과 새 땅이 나오고 그곳에 새 예루살렘이 내려옵니다. 하나님은 새 예루살렘에 거하십니다. 새 예루살렘 역시 하나님이 우리와 함께하시는 성전인 것입니다.

하나님의 성전은 처음에는 동산에서 시작합니다. 계시록에서는 예루살렘이고, 예루살렘은 도시입니다. 도시는 인간의 모든 문명과 문화가 모인 곳으로서 문화 발전의 결정체라고 할 수 있습니다. 동산에서 시작된 하나님의 성전이 도시로 발전한 것입니다. 인간의 문화가 동산에서 도시로 발전하는 모습을 상징적으로 보여주고 있습니다.

문화에 대한 책임

아이돌 그룹 BTS가 세계적으로 인기를 끌고 있습니다. 얼마나 인기가 많은지 말하는 것이 부질없을 정도로 인기가 대단합니다. 한 시상식에서 BTS가 밝힌 수상 소감이 많은 이들 가운데서 화제가 되었습니다.

> 문화대상이라는 시상식이 사실 저희에게도 굉장히 신선하고 새롭기도 합니다. 문화계 종사자 분들이 여기 많이 와 계신데, 이런 말이 가장 먼저 생각나더라고요. 김구 선생님이 하셨던 "오직 갖고 싶은 것은 높은 문화의 힘"이라는 말입니다. 문화란 모든 경계를 무너뜨리는, 그 어떤 물리적 힘보다 강력한 무형의 힘이라고 생각합니다. 저는 음악뿐만 아니라 국악, 뮤지컬, 드라마, 연극, 무용 등 모든 문화 장르의 팬이자 소비자로서 제 곁에서 숨 쉬고 있는 문화를 향유하면서 사람다워진다고 생각합니다. 문화는 제가 하는 음악에 많은 영감과 영향을 주고, 사람을 사람답게 만드는 아주 강력한 힘입니다.

우리가 사는 21세기를 문화의 세기라고 합니다. 이처럼 문화가 중요해진 이때 다시 한번 하나님이 우리에게 주신 문화명령에 대해 생각해보아야 합니다.

창세기 2장 15절을 영어성경 킹제임스 버전으로 보면 다음과 같습니다. "And the LORD God took the man, and put him into the garden of Eden to dress it and to keep it." 여기에 재미난 단어가 나옵니다. 한글성경에서 '경작'이라고 번역된 단어에 dress가 쓰였습니다. 영어사전을 찾아보니 dress에 '경작하다'라는 의미가 있습니다. 경작과 우리가 보통 알고 있는 드레스의 뜻을 결합해보는 것도 의미 있을 것입니다.

우리는 이 땅을 경작해야 합니다. 어떻게 경작해야 할까요? 땅에 아름다운 옷을 입혀야 합니다. 하나님이 주신 이 땅에서 아름다운 옷과 같은 문화를 만들어갈 사명을 우리는 받았습니다.

직업과 소명

하나님이 창조하신 이 땅을 아름답게 만들어가는 사명이 우리에게 있다고 말하면, 오해하는 사람이 있을지 모르겠습니다. 문화 명령이라고 하니 특정한 사람들이 하는 특별한 일이라고 생각하는 것이지요. 우리는 문화 활동이라고 하면 대개는 영화나 연극을 관람하고 음악회나 전시회에 가고 책을 읽는 것을 떠올립니다. 그런 콘텐츠를 만들고 누리는 것을 문화라고 생각합니다. 좁은 의미에서는 틀리지 않습니다.

하지만 문화는 이런 특별한 활동만을 가리키지 않습니다. 앞에서도 잠깐 문화의 정의에 대해 살펴보았지만, 브리태니커 백과사전에서는 문화를 이렇게 정의합니다.

> 자연 상태에서 벗어나 삶을 풍요롭고 편리하고 아름답게 만들어가고자 사회 구성원에 의해 습득, 공유, 전달되는 행동양식. 또는 생활양식의 과정 및 그 과정에서 이룩한 물질적, 정신적 소산을 통틀어 이르는 말. 의식주를 비롯해 언어, 풍습, 도덕, 종교, 학문, 예술 및 각종 제도 따위를 모두 포함한다.

인간이 만든 모든 생활양식이 문화입니다. 문화 명령은 특별한 영역에서 일하는 사람들뿐만 아니라 이 땅에 사는 모든 사람에게 해당합니다. 내가 이 땅에서 어떤 일을 하든 그 일을 통해 사회가 발전하고 다른 사람들에게 유익이 돌아간다면 문화 명령을 충실히 수행하며 사는 것입니다.

그런 점에서 직업에는 귀천이 없습니다. 모든 직업은 소명입니다. 목사나 의사, 교사와 같은 직업만 특별히 하나님께 부르심을 받은 것이 아닙니다. 제 아버지는 평생 노동판에서 페인트칠을 하셨습니다. 요즘은 도장공이라고 부르지만, 예전식으로 말하면 뺑끼쟁이였습니다. 뺑끼쟁이 아들인 저는 목사입니다. 교회에서 양복을 입고 말씀을 전하는 목사나, 노동판에서 뺑끼칠을 하신 아버지나 모두 하나님께 소명을 받은 직업인입니다.

사람들은 보통 직업을 자아실현의 도구라고 말하지만, 그렇지 않습니다. 우리는 직업을 통해 자아를 실현하는 것이 아니라 하나님 나라를 가꾸어가야 합니다. 우리가 다니는 직장은 단순히 돈벌이 수단이 아닙니다. 돈 버는 것, 중요하지요. 하지만 직장은 돈 버는 곳 이상의 의미가 있습니다. 하나님의 자녀인 내가 하나님의 뜻대로 일한다면, 그곳이 바로 하나님 나라를 가꾸어가는 소중한 삶의 현장입니다.

두 번째 사명: 지키라

하나님이 에덴동산에서 아담에게 주신 두 번째 사명은 '지키라'입니다. 원어로는 '샤마르'입니다. 이 단어는 일반적으로 종교적 명령과 계명을 준수하는 본문에서 사용됩니다. 출애굽기 20장 6절입니다.

나를 사랑하고 내 계명을 지키는 자에게는 천 대까지 은혜를 베푸느니라.

여기서 '지키는'에 사용된 단어도 '샤마르'입니다. 샤마르는 율법을 지킨다, 하나님의 말씀을 지킨다는 뜻을 가지고 있습니다. 하나님은 아담에게 에덴동산을 경작하라고, 잘 가꾸라고 말씀하셨습니다. 그런데 잘 가꾸는 데서 그치지 않고 가꾼 것을 잘 지켜야 합니다.

어떻게 지켜야 할까요? 하나님의 말씀을 따라 지켜야 합니다. 창세기 1장을 보면 하나님이 6일 동안 세상을 창조하실 때마다 하신 말씀이 있습니다. "보시기에 좋았더라." 6일째 모든 창조가 끝나고 나서는 이렇게 말씀하셨습니다. "보시기에 심히 좋았더라"(창 1:31).

하나님이 처음 창조하신 세상은 그분의 계획대로 되어 하나님이 보시기에 좋은 세상이었습니다. 사람이 이 세상을 가꾼다는 것은 자기 눈에 보기 좋은 대로 가꾸는 것이 아니라 하나님이 보시기에 좋은 대로, 하나님의 말씀에 따라 가꾼다는 뜻입니다. 내 눈에 보기 좋은 옷을 입히는 것이 아니라 하나님이 보시기에 좋은 옷을 입혀야 합니다.

오늘날 이 세계가 하나님이 보시기에 좋은 모습이라고 생각하는 사람은 아무도 없을 것입니다. 문화라는 말 앞에도 음란 문화, 거짓 문화, 퇴폐 문화와 같이 안 좋은 의미의 수식어가 많이 붙습니다. 하나님은 이 세상을 하나님이 보시기에 좋은 세상으로 창조하셨고, 아담에게 하나님이 보시기에 좋은 세상으로 잘 가꾸고 지키라고 명하셨는데, 아담은 그 일에 실패했습니다.

❖ 정리와 나눔

1. 하나님이 아담을 에덴동산에 두시고 가장 먼저 주신 사명은 무엇입니까? 그 사명은 무엇을 의미합니까?
2. 당신은 지금 어떤 일을 하고 있고, 앞으로 어떤 일을 꿈꾸고 있습니까? 내 직업과 하나님이 주신 사명은 어떤 관계인지 돌아보고 자신의 말로 정리해보세요.
3. 오늘날 이 땅의 문화는 과거에 비해 정말 많이 발전했습니다. 하지만 사람을 죄짓게 하는 악한 문화도 더불어 많아졌습니다. 그 이유가 무엇입니까?

새로운 하나님 나라

5. 통치 대행자의 실패

아담의 실패

성경은 66권으로 되어 있고 구약과 신약 둘로 나뉩니다. 나누는 기준은 예수님입니다. 구약은 예수님이 오시기 전까지의 기록이고, 신약은 예수님이 오신 이후의 기록입니다.

그런데 조금 다른 측면에서 성경을 두 부분으로 나눌 수도 있습니다. 먼저, 성경의 중심 주제가 예수님이라는 것부터 밝혀야겠습니다. 성경은 왜 예수님이 이 세상에 오셔야 했는지, 이 세상에 오신 예수님이 어떤 일을 이루셨는지를 기록하고 있습니다. 예수님은 왜 이 세상에 오셨습니까? 사람을 구원하기 위해서입니다. 왜 사람에게 구원이 필요합니까? 죄로 말미암아 하나님의 영원한 심판 가운데 있기 때문입니다. 인간의 죄 문제를 해결하기 위해 예수님이 오셨습니다.

이 죄 문제를 기준으로 성경을 둘로 나누어 볼 수 있습니다. 분기점은 창세기 3장입니다. 성경은 창세기 1-2장과 나머지 부분으로 나뉜다고 하겠습니다. 창세기 3장에는 인류 역사상 가장 슬픈 이야기가 기록되어 있습니다. 바로 사람의 첫 번째 범죄입니다.

하나님은 사람을 창조하고 에덴동산에 두시고 나서 한 가지 금지 사항을 말씀하셨습니다. 에덴동산에 있는 각종 나무의 열매는 먹을 수 있지만 선악을 알게 하는 나무의 열매만은 먹지 말라는 명이었습니다. 그러나 아담과 하와는 뱀의 유혹에 넘어가 하나님의 말씀에 불순종하고 선악과를 따 먹었습니다. 어떤 사람들은 하나님의 금지 명령에 시비를 겁니다. 왜 지키지도 못할 사람에게 이런 명령을 해서 죄를 짓게 했느냐는 주장입니다. 하나님이 원인 제공을 했다는 것이지요.

이것은 선악과의 의미를 알지 못해서 하는 이야기입니다. 선악과는 하나님이 사람을 시험하기 위해 일부러 만들어놓으신 장치가 아닙니다. 사람이 호기심을 이길 수 있나 없나 지켜보려는 심술궂은 신의 장난이 아닙니다. 하나님은 사람을 자신의 형상대로 창조하시고 이 땅을 다스리는 통치자로 임명

하셨습니다. 이때 반드시 기억해야 할 것이 하나 있습니다. 사람이 이 땅을 다스리는 통치자이기는 하지만 주인은 아니라는 사실입니다. 주인은 엄연히 사람에게 통치를 위임하신 하나님입니다. 사람은 하나님의 형상대로 지음 받은 특별한 존재지만 다른 피조물과 마찬가지로 하나님의 통치 아래에 있습니다. 2장 7절에 하나님이 사람을 창조하신 이야기가 다시 한번 나옵니다.

여호와 하나님이 땅의 흙으로 사람을 지으시고 생기를 그 코에 불어넣으시니 사람이 생령이 되니라.

1장은 사람이 하나님의 형상을 따라 지음을 받았다고 말합니다. 2장 7절은 하나님이 그 코에 생기를 불어넣으셨다고 말합니다. 사람이 특별한 피조물인 것은 맞습니다. 하지만 성경은 분명 사람이 땅의 흙으로 지어졌다고 말합니다. 사람이 다른 피조물과 구별된 특별한 존재인 동시에 마찬가지인 피조물이라는 사실을 보여주고 있습니다.

선악과는 바로 이것을 상징합니다. 선악과는 시험과 유혹의 상징이 아니라 축복의 상징입니다. 사람은 이 땅의 통치자가 틀림없습니다. 이것은 사람이 하나님의 약속 아래 있을 때

받는 축복입니다. 선악과를 따먹지 않는다는 것은 하나님이 주인 되심을 인정하는 것입니다. 이것을 인정한 사람은 이 땅을 다스리는 통치의 축복을 계속 누리게 됩니다. 선악과를 보면서 하나님의 축복을 기억할 수 있습니다.

그러나 축복의 상징인 선악과가 사람의 불순종 때문에 저주와 심판의 상징이 되고 말았습니다. 사람이 하나님의 명령에 불순종하여 선악과를 따먹었기 때문입니다. 자신이 하나님의 통치 대행자라는 사실을 잊고 만물의 주인인 하나님의 자리에 오르려 했기 때문입니다. 통치 대행자로서 실패하고 만 것입니다. 통치 대행자의 실패는 사람 자신만의 문제로 끝나지 않습니다. 창세기 3장 17-19절을 보십시오.

> [17] 아담에게 이르시되 네가 네 아내의 말을 듣고 내가 네게 먹지 말라 한 나무의 열매를 먹었은즉 땅은 너로 말미암아 저주를 받고 너는 네 평생에 수고하여야 그 소산을 먹으리라 [18] 땅이 네게 가시덤불과 엉겅퀴를 낼 것이라 네가 먹을 것은 밭의 채소인즉 [19] 네가 흙으로 돌아갈 때까지 얼굴에 땀을 흘려야 먹을 것을 먹으리니 네가 그것에서 취함을 입었음이라 너는 흙이니 흙으로 돌아갈 것이니라 하시니라.

사람의 죄 때문에 땅도 저주를 받았습니다. 사람의 통치를 받던 땅이 이제 사람에게 대적하여 가시덤불과 엉겅퀴를 내고 있습니다. 사람은 자신을 대적하는 땅에서 땀을 흘려야 겨우 먹고 살 수 있는 존재가 되고 말았습니다. 그뿐만이 아닙니다. 에베소서 2장 2절입니다.

그때에 너희는 그 가운데서 행하여 이 세상 풍조를 따르고 공중의 권세 잡은 자를 따랐으니 곧 지금 불순종의 아들들 가운데서 역사하는 영이라.

하나님의 통치 대행자로서 세상을 다스리던 사람이 이제 세상의 풍조를 따라 살며 세상의 지배를 받는 존재가 되었습니다. 세상의 지배를 받는다는 것은 단순히 세속적이라는 말이 아닙니다. 죄를 짓고, 그 결과 세상을 지배하고 있는 공중의 권세 잡은 자요 불순종의 아들들 가운데서 역사하는 영인 사탄의 지배를 받게 되었다는 말입니다.

이스라엘의 실패

아담과 하와가 범죄한 이후에도 하나님은 사람에 대한 사랑을 완전히 거두지 않으셨습니다. 사람은 이 세상에서 계속해서 생육하고 번성합니다. 창세기 11장에는 바벨탑 사건이 나옵니다. 사람들이 하나님께 맞서 세력을 과시하기 위해 바벨탑을 높이 쌓아 올렸습니다. 이에 하나님은 그들을 온 땅에 흩어져 살게 하십니다. 흩어져 살게 된 사람들은 이 땅의 진정한 주인이자 통치자인 하나님을 점차 잊어버렸습니다. 이런 세상에서 하나님은 한 사람 아브라함을 부르십니다. 그를 통해 하나님을 잊어버린 세상에서 하나님의 통치를 받는 한 민족, 한 나라를 세우십니다. 이스라엘입니다.

이스라엘을 세우는 과정은 쉽지 않았습니다. 아브라함의 자손을 위협하는 세력이 계속해서 등장합니다. 애굽 왕은 아브라함의 자손을 말살하려고 했습니다. 남자 아이가 태어나면 다 죽이라고 명령한 것입니다. 광야에는 출애굽한 이스라엘 백성을 노리고 공격하는 족속들이 있었습니다. 이스라엘 백성이 들어가 살아야 하는 가나안 땅에는 이미 막강한 힘을 가진 족속들이 견고한 성을 세워 살고 있었습니다.

하나님은 이 모든 위협 속에서 아브라함의 자손을 지키십니다. 결국 하나님이 약속하신 땅 가나안에 하나님 백성의 나라 이스라엘이 세워집니다. 이 땅에서 세상의 법이 아니라 하나님의 말씀에 순종하며 살아가는 하나님의 나라입니다. 그러나 결국 그 나라도 이 땅에서 사라지게 됩니다. 다윗 왕과 솔로몬 왕의 시대를 거치면서 융성했던 나라가 솔로몬의 아들 르호보암 때 북이스라엘과 남유다로 갈라집니다. 북이스라엘은 앗수르에게, 남유다는 바벨론에게 침략을 받고 멸망하고 맙니다.

이제 이 세상에는 눈에 보이는 하나님의 나라가 사라졌습니다. 아담과 하와를 유혹했던, 아브라함의 자손을 끊임없이 위협했던 사탄이 승리를 거둔 것처럼 보입니다.

❖ 정리와 나눔

1. 아담이 죄를 지은 이후로 인간의 문화가 죄에 물들기 시작했습니다. 아담이 선악과를 따 먹은 것이 심각한 죄인 이유는 무엇입니까?
2. 죄 때문에 하나님이 창조하신 세계와 인간은 어떤 관계가 되었습니까?

6. 새로운 통치자

통치 대행자인 아담이 실패하고, 이 땅에 세워진 하나님의 나라 이스라엘마저 실패한 이후로, 이제 세상은 더 이상 하나님의 나라가 아니라 사탄의 나라가 되고 만 듯했습니다. 하나님의 나라는 완전히 실패하고 사라진 것처럼 보였습니다. 하지만 하나님에게는 이 모든 것을 역전시킬 히든카드가 있었습니다. 실패하지 않는 통치자가 준비되어 있었습니다. 바로 예수님입니다.

예수님이 사역을 시작하면서 가장 먼저 선포하신 말씀이 있습니다. 마가복음 1장 15절을 보십시오.

이르시되 때가 찼고 하나님의 나라가 가까이 왔으니 회개하고 복음을 믿으라 하시더라.

예수님은 때가 찼고 하나님의 나라가 가까이 왔다고 말씀하십니다. 사람들이 하나님의 통치를 잊어버리고 사탄이 지배하는 이 세상에 다시 하나님이 통치하시는 하나님의 나라가 시작되고 있다는 선언입니다.

이 하나님의 나라는 누구에게서 다시 시작됩니까? 최초의 통치 대행자인 아담은 죄로 인해 실패하고 말았지만, 이제 결코 실패하지 않는 통치자가 이 땅에 오셨습니다. 하나님의 아들 예수 그리스도입니다. 예수님이 실패하지 않는 통치자로 오신 것은 아담이 처음 범죄할 때부터 시작된 하나님의 계획이 성취된 결과입니다. 창세기 3장 15절을 보면 아담이 범죄한 후, 하나님은 아담과 하와를 유혹한 뱀에게 이렇게 말씀하십니다.

내가 너로 여자와 원수가 되게 하고 네 후손도 여자의 후손과 원수가 되게 하리니 여자의 후손은 네 머리를 상하게 할 것이요 너는 그의 발꿈치를 상하게 할 것이니라 하시고.

우리는 이 말씀을 첫 번째 복음, 즉 원시복음이라고 합니다. 범죄한 사람들에게 주시는 하나님의 약속입니다. 이 말씀을 보면, 뱀의 후손과 여자의 후손이 대립합니다. 뱀의 후손은 사탄의 무리를, 여자의 후손은 예수님을 가리킵니다. 뱀의 후손은 여자의 후손의 발꿈치를 상하게 할 것입니다. 이것은 예수님의 십자가 사건을 가리킵니다. 하지만 여자의 후손은 뱀의 머리를 상하게 하고 승리할 것입니다. 이것은 예수님의 부활 사건을 가리킵니다. 하나님의 약속은 여자의 후손으로 오신 예수님을 통해 성취됩니다.

아담과 예수님의 차이

실패한 아담과 성공한 예수님의 차이는 무엇입니까? 로마서 5장 18-19절을 보겠습니다.

> [18] 그런즉 한 범죄로 많은 사람이 정죄에 이른 것같이 한 의로운 행위로 말미암아 많은 사람이 의롭다 하심을 받아 생명에 이르렀느니라 [19] 한 사람이 순종하지 아니함으로 많은 사람이 죄인 된 것같이 한 사람이 순종하심으로 많은 사람이 의인이 되리라.

아담의 범죄로 많은 사람이 정죄에 이르렀습니다. 하지만 예수님의 의로운 행위로 많은 사람이 의롭게 되어 생명에 이르렀습니다. 아담의 불순종으로 많은 사람이 죄인이 되었습니다. 하지만 예수님의 순종하심으로 많은 사람이 의인이 되었습니다. 아담은 자신이 통치 대행자라는 사실을 잊고 진정한 통치자이신 하나님의 자리를 넘보려 했기 때문에 실패했습니다. 예수님은 정반대였습니다. 빌립보서 2장 5-11절입니다.

⁵ 너희 안에 이 마음을 품으라 곧 그리스도 예수의 마음이니 ⁶ 그는 근본 하나님의 본체시나 하나님과 동등됨을 취할 것으로 여기지 아니하시고 ⁷ 오히려 자기를 비워 종의 형체를 가지사 사람들과 같이 되셨고 ⁸ 사람의 모양으로 나타나사 자기를 낮추시고 죽기까지 복종하셨으니 곧 십자가에 죽으심이라 ⁹ 이러므로 하나님이 그를 지극히 높여 모든 이름 위에 뛰어난 이름을 주사 ¹⁰ 하늘에 있는 자들과 땅에 있는 자들과 땅 아래에 있는 자들로 모든 무릎을 예수의 이름에 꿇게 하시고 ¹¹ 모든 입으로 예수 그리스도를 주라 시인하여 하나님 아버지께 영광을 돌리게 하셨느니라.

예수님은 하나님의 아들입니다. 하나님의 아들이라고 해서 하나님보다 열등한 존재라는 뜻이 아닙니다. 과거에 왕이나 황제는 자신을 신의 아들이라고 칭했습니다. 그 이유가 무엇입니까? 사람의 아들은 사람이고, 신의 아들은 신입니다. 즉 자신이 신이라는 이야기입니다.

하나님의 아들인 예수님은 곧 하나님입니다. 성부 하나님의 영광과 위엄을 동일하게 가지신 분입니다. 요한복음 1장은 예수님 역시 이 땅을 창조하신 창조주임을 밝히고 있습니다. 하지만 예수님은 하나님과 동등함을 당연히 여기지 않고 스스로를 낮추어 하나님께 순종하셨습니다. 예수님의 낮아지심과 순종은 이 땅에 인간으로 오신 것으로 끝나지 않고 십자가에서 죽으심으로 절정에 이르렀습니다.

예수님이 십자가에서 죽으실 때 사탄은 승리한 것처럼 보였습니다. 십자가에 달리신 예수님은 너무나 무기력해 보였습니다. 그분은 사람들의 조롱거리가 되었습니다. 아담이 실패하고 이 땅의 이스라엘 왕국이 실패한 것처럼 예수님도 실패한 듯이 보였습니다. 그러나 십자가에서 죽으심은 실패가 아니라 오히려 승리였습니다. 예수님이 하나님께 순종하여 십자가에 달리심으로 인간의 죄 문제가 해결되었습니다. 십자가에서 죽으신 지 3일 만에 부활하심으로 인간의 죽음 문제가 해결되었습니다.

하나님은 예수님의 이름 앞에 하늘과 땅과 땅 아래 있는 모든 자들이 무릎 꿇고 예수님이 주라는 것을 시인하게 하셨습니다. 십자가에 달리신 예수님이 이제 만왕의 왕으로 선포되었습니다. 사탄이 지배하고 있던 이 세상에서 사탄의 세력을 물리치고 새로운 하나님의 나라를 시작하셨습니다.

❖ **정리와 나눔**

1. 아담은 통치 대행자로서 실패했지만 예수님은 새로운 통치자가 되는 데 성공하셨습니다. 아담과 예수님의 차이는 무엇입니까?
2. 예수님은 어떻게 세상을 통치하는 일에 성공하셨습니까?

7. 새로운 하나님 나라의 백성

새로운 통치 대행자를 세우심

예수님은 이 세상을 어떻게 통치하십니까? 창세기에서 하나님이 통치하신 방법과 똑같습니다. 예수님은 이 땅에 계속 남아서 이 땅을 통치하지 않으십니다. 대신 예수님의 통치를 대행하는 자들을 세우셨습니다. 바로 교회입니다. 아담이 하나님의 통치 대행자였듯이 이제 교회가 예수님의 통치 대행자가 됩니다.

어째서 교회가 예수님의 통치 대행자일까요? 먼저, 확실히 정의하고 넘어가야 할 개념이 있습니다. 여기서 말하는 '교회'란 건물을 가리키지 않습니다. 교회는 교인들이 모여서 예배 드리는 건물이 아닙니다. 교회란 예수님을 주님으로 믿고 영접한 사람들의 무리를 말합니다. 그렇다면 예수님을 믿는 사람들이 어떻게 예수님의 통치 대행자가 됩니까?

예수님은 이 땅에서 홀로 사역하지 않으셨습니다. 많은 사람이 그분의 사역에 동참했습니다. 예수님은 그중에서 열두 명을 특별히 제자로 세우셨습니다. '열둘'이라는 숫자에는 의미가 있습니다. 사도행전 1장을 보면, 예수님의 제자들을 비롯해 여러 추종자들이 모여 배신한 제자 유다 대신에 맛디아를 사도로 세우는 장면이 나옵니다. 열두 명에서 한 명이 빠졌다고 해서 크게 문제될 일은 없습니다. 유다가 맡은 회계 일은 다른 사람이 하면 됩니다. 그런데도 굳이 열두 명을 고수하여 한 명을 채우고 있습니다. 이는 열둘이라는 수에 특별한 의미가 있기 때문입니다.

구약 이스라엘의 지파가 열두 지파였습니다. 구약의 이스라엘은 이 땅에 세워진 하나님 나라의 한 모형이었습니다. 이스라엘 백성은 하나님을 거역하는 세상에서 그분을 섬기며 그분의 통치를 이루어갈 책임이 있었습니다. 하지만 그들은 실패했습니다. 하나님 대신 우상을 섬겼고, 하나님의 말씀에 순종하지 않고 자기 좋은 대로 살았습니다. 그러다가 멸망했습니다.

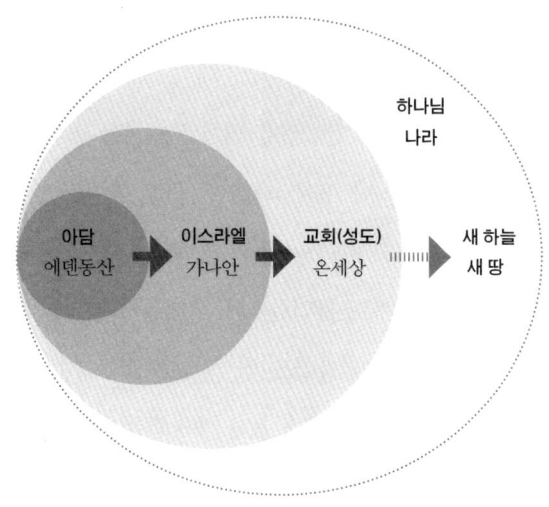

　예수님의 열두 제자는 새로운 이스라엘입니다. 예수님의 열두 제자를 시작으로 이 땅에 예수님을 믿는 무리, 즉 교회가 생깁니다. 구약의 이스라엘처럼 교회는 예수님의 부활과 승천 이후에 이 땅에 새롭게 형성된 하나님의 백성입니다. 여전히 하나님을 거역하는 세상에서 그분의 통치를 이루어가는 새로운 공동체입니다. 이제는 교회가 하나님을 대신해 통치하는 새로운 대행자입니다.

누가 하나님 나라의 백성인가?

외국인이 한국의 국적을 취득하려면 몇 가지 방법이 있습니다. 그중에 일반귀화라는 것이 있는데, 그 조건이 아주 까다롭습니다. 우선 한국의 영주권을 얻어 5년 이상 한국에 거주해야 합니다. 나이는 만 19세가 넘어야 하고 품행도 단정해야 합니다. 원래 살던 나라에서의 범죄 여부와 한국에서 체류 중일 때의 법 위반 여부도 확인합니다. 생계유지 능력을 입증하기 위해 일정한 소득과 자산도 있어야 합니다. 이에 더해 한국 국민으로서 기본 소양이 있음을 증명해야 합니다. 법무부에서 시행하는 사회통합 프로그램을 이수하거나 귀화용 평가 시험에 합격해야 합니다. 마지막으로 한국 국적자 두 명 이상의 추천을 받아야 합니다. 외국인이 일반적인 방법으로 한국인이 되기가 정말 어렵습니다.

그렇다면 예수님 이후로 우리는 어떻게 새로운 하나님 나라의 백성이 될 수 있을까요? 아담이 범죄한 이후로 사람은 사탄이 지배하는 나라에 속하게 되었습니다. 사탄의 나라에 속했던 자가 어떻게 하나님 나라의 백성이 될 수 있을까요? 하나님 나라의 백성이 되는 방법은 무엇일까요? 한국 국적을 취득하듯이 아주 복잡한 절차를 거치면 될까요? 예배도 열심히 드리고, 착한 일도 많이 하고, 성경 시험도 보아야 할까요?

하나님 나라의 백성이 되는 방법은 여러 가지 측면에서 설명할 수 있습니다. 여기서는 하나님이 아브라함을 부르시고 약속을 이루어가는 과정을 통해 누가 어떻게 하나님의 백성이 되는지 살펴보겠습니다.

부르심과 두 가지 약속

하나님은 아브라함을 불러 그에게 두 가지 약속을 하십니다. 창세기 13장 14-17절을 보십시오.

> [14] 롯이 아브람을 떠난 후에 여호와께서 아브람에게 이르시되 너는 눈을 들어 너 있는 곳에서 북쪽과 남쪽 그리고 동쪽과 서쪽을 바라보라 [15] 보이는 땅을 내가 너와 네 자손에게 주리니 영원히 이르리라 [16] 내가 네 자손이 땅의 티끌 같게 하리니 사람이 땅의 티끌을 능히 셀 수 있을진대 네 자손도 세리라 [17] 너는 일어나 그 땅을 종과 횡으로 두루 다녀 보라 내가 그것을 네게 주리라.

먼저 하나님은 아브라함의 자손이 땅의 티끌처럼 많아지게 하겠다고 약속하십니다. 그런 다음 동서남북으로 눈에 보이는 땅을 아브라함과 그의 자손에게 주겠다고 약속하십니다. 그뿐만 아니라 다시 한번 약속을 반복하면서 아브라함이 믿을 수 있도록 여러 방법을 동원하십니다. 창세기 15장 1-6절입니다.

¹ 이후에 여호와의 말씀이 환상 중에 아브람에게 임하여 이르시되 아브람아 두려워하지 말라 나는 네 방패요 너의 지극히 큰 상급이니라 ² 아브람이 이르되 주 여호와여 무엇을 내게 주시려 하나이까 나는 자식이 없사오니 나의 상속자는 이 다메섹 사람 엘리에셀이니이다 ³ 아브람이 또 이르되 주께서 내게 씨를 주지 아니하셨으니 내 집에서 길린 자가 내 상속자가 될 것이니이다 ⁴ 여호와의 말씀이 그에게 임하여 이르시되 그 사람이 네 상속자가 아니라 네 몸에서 날 자가 네 상속자가 되리라 하시고 ⁵ 그를 이끌고 밖으로 나가 이르시되 하늘을 우러러 뭇별을 셀 수 있나 보라 또 그에게 이르시되 네 자손이 이와 같으리라 ⁶ 아브람이 여호와를 믿으니 여호와께서 이를 그의 의로 여기시고.

1절에 보면 하나님은 환상 중에 아브라함에게 나타나 두려워하지 말라고 말씀하십니다. 그렇게 말씀하시는 이유는 간단합니다. 지금 아브라함이 두려워하고 있기 때문입니다. 아브라함은 왜 두려워하고 있나요?

창세기 14장에는 당시 가나안 땅에 있던 도시 국가들 간의 전쟁 이야기가 나옵니다. 이 전쟁 중에 아브라함의 조카 롯도 포로로 잡혀갑니다. 그 소식을 들은 아브라함은 자신의 집에서 기른 용사 318명을 이끌고 가서 적을 무찌르고 롯을 구해 옵니다. 돌아오는 길에 멜기세덱의 영접까지 받습니다.

이처럼 큰 승리를 거두었지만 이것으로 모든 문제가 끝난 것이 아닙니다. 롯을 구하기 위해 공격했던 적들은 네 도시국가의 연합체였습니다. 이들이 복수하기로 마음먹는다면 아브라함은 말 그대로 풍전등화의 처지입니다. 아브라함은 이런 상황을 두려워하고 있습니다.

하나님은 두려워하는 아브라함에게 말씀하십니다. "나는 네 방패요 너의 지극히 큰 상급이니라." 하나님은 무엇보다 먼저 이 모든 어려운 상황 속에서 아브라함을 지켜줄 방패라고 스스로를 밝히십니다. 지극히 큰 상급이라는 말씀도 하십니다. 하나님이 아브라함의 상급이 되신다는 것은 그의 편이라는 뜻입니다.

하나님이 위로하고 격려해주시니 아브라함은 당연히 감격하며 감사했을 것 같습니다. 그런데 그의 반응이 좀 이상합니다. 2-3절을 보면 이런 식입니다. "하나님, 무슨 상을 주실 건가요? 나는 자식이 없습니다. 내 상속자는 어차피 다메섹 사람 엘리에셀입니다. 하나님이 내게 자식을 주지 않으시니 내 집에 속한 이 사람이 후계자가 될 수밖에 없지 않습니까?"

지금 아브라함에게는 두 가지 문제가 있습니다. 현재와 미래의 문제입니다. 외부의 적이 언제 공격해올지 모르는 현재의 상황을 그는 두려워하고 있습니다. 미래를 보아도 전망이 불투명합니다. 후사가 없기 때문입니다. 아무리 재산을 많이 모으고 힘을 길러도 그것을 물려줄 자식이 그에게 없습니다. 하나님은 아브라함에게 땅의 티끌처럼 많은 자손을 주겠다고 약속하셨는데, 이후로 도대체 소식이 없습니다. 그래서 어떻게 된 일이냐고 항의하는 것입니다.

그런 아브라함의 반응을 하나님은 다 받아주십니다. 약속을 믿지 않는다고 질책하지 않고 다시 한번 약속하십니다. 1절에서는 그를 지키고 보호하겠다고 약속하셨습니다. 4절에서는 그의 몸에서 자식이 생기고 그 자식이 후사가 될 것이라고 분명히 약속하셨습니다. 하나님의 약속은 말로만 끝나지 않습니다. 하나님은 아브라함을 이끌고 밖으로 나가십니다. 세상 물정을 잘 모르는 어린 아들을 데리고 나가 차분히 설명하는 아버지 같은 모습입니다. 그러고는 손을 들어 하늘의 별을 가리킵니다. "얘야, 하늘의 별을 세어보렴. 어때? 셀 수 있겠니? 불가능하지? 네 후손이 이렇게 많을 거란다." 하나님은 신뢰하지 못하는 아브라함에게 자신의 약속이 얼마나 확실한지 시각자료로 생생히 보여주십니다.

<u>혈통과 율법이 아니라 믿음으로</u>

이토록 생생한 약속에 아브라함은 어떻게 반응했을까요? 창세기 15장 6절을 보십시오.

> 아브람이 여호와를 믿으니 여호와께서 이를 그의 의로 여기시고.

이것은 기독교 역사에서 매우 유명하고 중요한 구절입니다. '아브람이 믿으니 의로 여기셨다.' 이것을 바꾸어 말하면 '이신칭의'입니다. '믿음으로 의롭다 칭함을 받는다'는 말입니다. 보통 우리는 바울의 진술을 통해 이신칭의를 알고 있지만 창세기가 먼저입니다. 아브라함의 후손이 이 땅에서 하나님의 백성이 될 수 있었던 것은 믿음으로 말미암은 일이었습니다. 이것은 구약성경의 뒷부분 하박국서에서도 확인할 수 있습니다. 하박국 2장 4절입니다.

> 보라 그의 마음은 교만하며 그 속에서 정직하지 못하나 의인은 그의 믿음으로 말미암아 살리라.

이 말씀의 시대적 배경은 남유다 말기입니다. 유다왕국의 마지막 희망이던 요시야 왕마저 애굽과의 전투에서 허망하게 죽고 말았습니다. 그 뒤를 이은 여호아하스는 왕위에 오른 지 3개월 만에 애굽의 바로느고에 의해 폐위되었습니다. 그는 왕위에 있던 3개월 동안 엄청난 악을 저질렀습니다. 다음 왕인 여호야김은 애굽 왕에게 호의를 얻으려고 많은 은과 금을 백성들에게서 빼앗아 바쳤습니다.

백성들이 고통 당하고 무고한 피를 흘리는 상황에서 하박국 선지자는 하나님께 부르짖습니다. 하나님, 도대체 언제까지입니까? 언제까지 이 악한 세상을 지켜보기만 하시렵니까?

이 질문에 하나님은 갈대아 사람들을 일으켜 유다를 심판하겠다고 대답하십니다. 갈대아 사람들이란 바벨론 민족을 가리킵니다. 결국 유다는 바벨론의 침공을 받고 멸망합니다. 하나님의 대답을 들은 하박국은 더 큰 충격을 받습니다. '아니 갈대아 사람이라니. 그들은 악한 이방 민족이 아닌가? 아무리 유다가 악해도 하나님의 거룩한 백성인데 악한 이방 민족의 심판을 받게 하신다니.'

계속되는 하박국의 질문에 하나님이 두 번째로 대답하십니다. 그 말씀이 하박국 2장에 기록되어 있습니다. 유다를 멸망시킨 갈대아 사람들도 그들의 죄악으로 인해 멸망할 것이고, 그런 다음 유다의 남은 자들이 어떻게 살게 될 것인지를 말씀하십니다. 그 답의 핵심이 앞에서 살펴본 2장 4절에 나옵니다. "의인은 그의 믿음으로 말미암아 살리라."

하박국 선지자는 이 말씀을 듣고 드디어 답을 얻습니다. 어지러운 세상 속에서도 믿음을 가진 의로운 사람은 결국 하나님 앞에서 살게 된다는 것이 하나님의 약속이었습니다.

이 말씀은 이제 신약으로 넘어옵니다. 바울은 구약에 나오는 이 말씀을 인용합니다. 로마서 1장 17절입니다.

> 복음에는 하나님의 의가 나타나서 믿음으로 믿음에 이르게 하나니 기록된 바 오직 의인은 믿음으로 말미암아 살리라 함과 같으니라.

바울은 율법을 지켜야 구원받는다고 주장하는 사람들에게 구약 말씀을 인용하여 의인은 믿음으로 말미암아 산다고 분명히 말합니다. 율법을 지켜서 구원받는 것이 아닙니다. 오직 예수 그리스도를 믿음으로 구원받고 하나님의 백성이 됩니다.

당시에 율법을 지켜야, 행위가 있어야 구원받는다고 주장하는 사람들이 있었습니다. 그들은 모든 행위 중에서도 할례를 아주 중요하게 생각했습니다. 할례를 받지 않으면 구원받지 못한다고 생각했습니다. 하나님이 이스라엘의 모든 남자는 난지 팔 일 만에 할례를 받아야 한다고 아브라함에게 이르신 것을 근거로 그렇게 생각한 것입니다. 창세기 17장 14절입니다.

할례를 받지 아니한 남자 곧 그 포피를 베지 아니한 자는 백성 중에서 끊어지리니 그가 내 언약을 배반하였음이니라.

할례는 하나님의 언약 백성이 되었다는 상징입니다. 그런데 유대 율법주의자들은 할례 자체가 구원을 가져다주는 것처럼 믿었습니다. 바울은 이들에 맞서 아브라함에게 있었던 사건들을 시간의 순서대로 이야기합니다. 로마서 4장 9-11절입니다.

[9] 그런즉 이 복이 할례자에게냐 혹은 무할례자에게도냐 무릇 우리가 말하기를 아브라함에게는 그 믿음이 의로 여겨졌다 하노라 [10] 그런즉 그것이 어떻게 여겨졌느냐 할례시냐 무할례시냐 할례시가 아니요 무할례시니라 [11] 그가 할례의 표를 받은 것은 무할례시에 믿음으로 된 의를 인친 것이니 이는 무할례자로서 믿는 모든 자의 조상이 되어 그들도 의로 여기심을 얻게 하려 하심이라.

지금 바울은 아브라함이 할례를 받기 전에 믿음으로 의롭게 되었음을 보여주고 있습니다. 11절 말씀대로 아브라함은 무할례자로서 모든 믿는 사람의 조상이 되었습니다. 할례가 구원받는 조건이 될 수 없습니다. 구원은 믿음으로 받습니다. 율법도 마찬가지입니다. 율법을 지켜야 구원을 받는다는 주장 역시 바울은 아브라함을 통해 반박합니다. 갈라디아서 3장 17절입니다.

> 내가 이것을 말하노니 하나님께서 미리 정하신 언약을 사백삼십 년 후에 생긴 율법이 폐기하지 못하고 그 약속을 헛되게 하지 못하리라.

하나님은 이미 창세기에서 아브라함을 통해 구원의 약속을 주셨습니다. 율법은 언제 처음 주셨습니까? 출애굽 이후에 시내산에서 모세를 통해 이스라엘 백성에게 주셨습니다. 아브라함에게 처음 약속을 주시고 나서 430년이 흐른 후입니다. 430년 후에 주어진 율법이 구원의 약속을 폐기하거나 헛되게 하지 못한다고 성경은 말합니다.

구약의 이스라엘 백성은 아브라함의 혈통과 율법을 앞세워 하나님의 백성임을 자처했지만, 그분의 통치를 이루어가는 데 실패하고 말았습니다. 그뿐만 아니라 새로운 통치자로 오신 예수님을 알아보지도 못했습니다. 그러나 오늘날 새로운 하나님의 백성은 다릅니다. 우리는 오직 예수님을 믿음으로 하나님의 백성이 될 수 있습니다. 예수님을 주님으로 고백하는 공동체인 교회가 이제 새로운 하나님 나라의 백성이 되어 통치 대행자의 역할을 감당합니다.

❖ **정리와 나눔**

1. 아담과 이스라엘은 이 땅에서 하나님의 통치 대행자가 되는 일에 실패했습니다. 하나님이 예수 그리스도를 통해 이 땅에 다시 세우신 통치 대행자는 누구입니까?
2. 하나님의 백성이 되는 길은 율법의 행위가 아니라 믿음에 있습니다. 바울은 이것을 어떤 식으로 설명합니까?

8. 하나님 나라의 백성이 살아가는 땅

청년 시절에 7개월 정도 배낭여행을 한 적이 있습니다. 영국에서 시작해 한국까지 육로로 여행했습니다. 다른 나라를 여행하려면 가고자 하는 나라의 비자가 필요합니다. 시리아에서는 이란 비자를 받기 위해 이란 대사관을 찾아갔습니다. 시리아나 이란이나 엄격한 이슬람 국가지만, 그중에서 이란이 더 심합니다. 당시 이란에서는 외국인의 복장도 제한했습니다. 남성은 반바지가 금지되었고, 여성도 반드시 히잡을 써야 했습니다. 이것을 어기면 종교경찰에 잡혀 추방을 당했습니다. 시리아는 그 정도는 아니어서 히잡을 쓰지 않은 여성을 길에서 많이 볼 수 있지만, 이란 대사관에 들어갈 때만큼은 외국인일지라도 반드시 히잡을 써야 합니다. 이란 대사관은 이란

법이 적용되는 이란의 영토이기 때문입니다. 재밌는 상황입니다. 이란 대사관은 분명 시리아 땅에 있습니다. 그런데도 대사관 안에서는 시리아 법이 적용되지 않습니다. 이란의 영토로 인정되기 때문입니다. 시리아 사람도 이란 대사관에서는 이란 법을 따라야 합니다.

이제 우리는 하나님 나라의 땅에 대해 살펴볼 것입니다. 땅의 문제를 살피다보면 이란 대사관에서 겪은 일과 비슷한 상황을 보게 됩니다. 우리는 예수님을 믿고 하나님 나라의 백성이 되었습니다. 하지만 우리가 살고 있는 이 세상은 하나님을 거부합니다. 여기에 우리의 고민과 갈등이 있습니다. 구약시대 하나님의 백성으로 세워진 이스라엘이 약속의 땅 가나안에 들어가 겪은 일들을 통해 교훈을 얻고자 합니다.

약속의 땅 가나안

언약 체결식 - 이토록 확실한 증거라니

하나님은 하나님 나라의 새로운 백성을 세우기 위해 아브라함을 불러 자손을 약속하시고, 다음으로 그들이 살아갈 땅에 대한 약속도 주십니다. 창세기 15장 7-8절을 보십시오.

⁷ 또 그에게 이르시되 나는 이 땅을 네게 주어 소유를 삼게 하려고 너를 갈대아인의 우르에서 이끌어 낸 여호와니라 ⁸ 그가 이르되 주 여호와여 내가 이 땅을 소유로 받을 것을 무엇으로 알리이까.

자손에 대한 약속의 말씀과 패턴은 비슷합니다. 하나님이 약속하시고 아브라함이 반응하는 패턴입니다. 7절에 땅을 주겠다는 하나님의 약속이 나옵니다. 그런데 8절에 나오는 아브라함의 반응이 자손을 약속받았을 때와 확연히 차이 납니다. 하나님이 자손을 약속하셨을 때는 그냥 믿었지만, 8절에서 땅을 약속하실 때는 그 땅을 소유하게 될 것을 무엇으로 알 수 있느냐고 되묻습니다. 그냥 믿은 것이 아니라 확실히 믿을 수 있는 증거를 요구합니다.

그러자 하나님은 언약 체결식을 치르십니다. 자손을 약속할 때는 그냥 하늘의 별을 보여주시는 것으로 충분했습니다. 하지만 땅을 약속할 때는 말씀으로 끝내지 않고 사람들이 계약서를 쓰고 도장을 찍는 것처럼 특별한 언약 체결식을 거행하십니다. 이것은 당시 고대 근동에서 많이 쓰던 방식으로 아브라함도 잘 알고 익숙합니다.

언약 체결식은 이렇게 진행됩니다. 짐승을 잡아 반으로 쪼

갑니다. 쪼갠 짐승 사이로 언약을 맺는 두 사람이 함께 지나갑니다. 그 의미는 분명합니다. 누구라도 이 언약을 깨뜨리면 쪼개진 짐승과 같이 죽으리라는 것입니다. 이것은 서명하거나 도장을 찍는 차원이 아니라 죽음을 담보로 하는 언약입니다.

하나님은 이러한 방법으로 아브라함과 언약 체결식을 치르십니다. 이때 일반적인 방법과 좀 다른 부분이 있습니다. 보통은 언약의 당사자 양쪽이 쪼개진 짐승 사이를 함께 지나갑니다. 하지만 15장 17절을 보면, 하나님과 아브라함의 언약 체결식에서 아브라함은 쪼개진 짐승 사이를 지나가지 않고 횃불만 지나갑니다. 여기서 횃불은 하나님의 임재를 상징합니다. 하나님만 쪼개진 짐승 사이를 지나가신 것입니다. 하나님은 땅을 주겠다고 약속하셨고, 이 약속이 반드시 이루어진다는 것을 죽음의 언약식으로 보여주셨습니다. 하늘의 별을 보여주며 자손을 약속하신 것과는 차원이 다른 증거입니다. 하나님은 이렇게 언약 체결식을 하고 나서 다시 한번 땅에 대한 약속을 구체적으로 반복하십니다. 15장 18절입니다.

그날에 여호와께서 아브람과 더불어 언약을 세워 이르시되 내가 이 땅을 애굽 강에서부터 그 큰 강 유브라데까지 네 자손에게 주노니.

앞서 7절에서는 막연히 이 땅을 주겠다고 하셨는데, 여기서는 애굽 강에서부터 유브라데까지라고 구체적으로 영역을 지정하십니다. 하나님은 언약 체결식이라는 특별한 방법을 취하고 약속을 구체화하며 아브라함에게 땅에 대한 약속을 거듭 확인해주십니다. 왜 이토록 거듭 확인해주시는 걸까요?

가나안 땅이 어떤 곳이길래

아브라함은 자손에 대한 약속은 믿음으로 받아들인 반면, 땅에 대한 약속은 그러지 못했습니다. 다르게 반응한 이유가 무엇일까요? 그것은 아브라함이 생각하는 실현 가능성의 차이 때문이었습니다. 창세기 16장을 보면, 아브라함이 사래의 여종 하갈을 통해 이스마엘을 후사로 얻는 장면이 나옵니다. 이때 그의 나이는 86세였습니다. 아브라함이 나이가 들어도 후사를 보기 위해 하갈을 들인 것은 자신이 여전히 후사를 얻을 가능성이 있다고 생각했기 때문입니다.

그런데 땅 문제는 다릅니다. 그가 보기에 눈앞에 있는 땅이 자신의 소유가 된다는 것은 도무지 불가능한 일이었습니다. 하나님이 주겠다고 약속하신 땅이 어떤 곳이길래 그랬을까요? 창세기 15장 19-21절입니다.

[19] 곧 겐 족속과 그니스 족속과 갓몬 족속과 [20] 헷 족속과 브리스 족속과 르바 족속과 [21] 아모리 족속과 가나안 족속과 기르가스 족속과 여부스 족속의 땅이니라 하셨더라.

하나님이 약속하신 땅은 무주공산의 땅이 아닙니다. 옛날 미국 대륙처럼 먼저 달려가 깃발을 꽂으면 자기 땅이 되는 곳이 아닙니다. 이미 열 개의 민족이 오랫동안 자리를 잡고 있는 땅입니다. 그 민족들이 땅의 소유권을 내줄 리 없습니다. 이런 곳이 자신의 소유가 된다는 것을 아브라함은 믿기 어려웠습니다.

아브라함의 처지를 생각해보십시오. 아브라함은 이 지역 출신도 아닙니다. 가나안 땅에서는 이방인입니다. 열 개의 민족이 이미 자리를 잡은 그 땅에서 이방인으로 살기란 쉬운 일이 아닙니다. 아브라함은 목숨을 부지하기 위해 두 번이나 아내 사라를 누이라고 속여야 했습니다. 그뿐만 아니라 크고 작은 전쟁을 겪어야 했습니다. 가나안은 분명 하나님이 약속해 주신 땅이 맞습니다. 하지만 하루하루 생명을 지키기 위해 맞서 싸워야 하는 땅이기도 했습니다. 사병을 길러 훈련시키면서 적들의 침입을 막아야 살 수 있는 곳이었습니다.

아브라함 입장에서 생각하면 확실히 억울한 면이 있습니

다. 그는 갈대아 우르에서 잘 살고 있었습니다. 이런 그를 일흔이 넘은 나이에 가나안 땅으로 부르신 분은 하나님입니다. 아브라함은 목적지도 제대로 알지 못하고 고향을 떠나야 했습니다. 하나님이 명하시니 순종하고 떠났습니다. 그런데 가나안 땅에 도착하여 맞이한 현실은 어떠했습니까? 창세기 12장 10절입니다.

그 땅에 기근이 들었으므로 아브람이 애굽에 거류하려고 그리로 내려갔으니 이는 그 땅에 기근이 심하였음이라.

여기서 그 땅이란 가나안을 말합니다. 하나님이 아브라함에게 약속하신 땅입니다. 고향을 떠나 이제 좀 정착하나 싶었는데 그 땅에 기근이 듭니다. 그냥 기근이 아니라 아주 심한 기근이었습니다. 우리는 한번 생각해보아야 합니다. 하나님은 왜 이미 열 개의 민족이 살고 있는 땅, 가자마자 기근이 든 땅으로 아브라함을 부르셨을까요?

가나안 땅은 그냥 젖과 꿀이 흐르는 곳이 아닙니다. 깃발만 꽂으면 차지해 편히 살 수 있는 땅도 아닙니다. 적대적인 민족이 이미 자리 잡고 살고 있으며 극심한 기근도 찾아오는 땅입니다. 이런 땅에서 외지인 아브라함이 살아가려면 달리 방법이 없습니다. 하나님이 보호해주셔야 합니다. 하나님이 지켜주셔야 합니다. 가나안은 하나님 없이는 살아갈 수 없는 곳입니다. 오직 하나님만을 의지하며 사는 것을 배워야 하는 땅입니다.

아브라함은 하나님의 구원 계획을 이 세상에서 실제로 이루어간 첫 번째 사람입니다. 아브라함의 후손을 통해 이 땅에 하나님 백성의 나라 이스라엘이 세워집니다. 아브라함의 후손으로 예수님이 오십니다. 아브라함은 장차 모든 믿는 자들의 조상이 되어야 합니다. 그런 아브라함에게는 무엇보다 믿음이 필요했습니다. 가나안 땅은 아브라함이 믿음으로 살아야 하는 곳이었습니다. 그것이 오늘날 세상 속에서 하나님 나라를 이루며 살아가는 그리스도인에게 시사하는 바가 있습니다.

또 다른 전쟁

요즘 "꽃길만 걸으세요"라는 덕담을 많이 합니다. 앞으로 어려운 일 없이 평안하고 좋은 일만 생기라는 뜻으로 하는 말입니다. 우리는 예수님을 믿고 하나님의 백성이 되었습니다. 영원한 죽음의 심판에서 벗어나 새 생명을 얻었습니다. 이제 우리는 사탄의 종이 아니라 하나님의 자녀입니다. 그렇다면 앞으로 꽃길만 걷게 될 것 같습니다. 어려운 일도 고난도 없고 좋은 일만 생길 것 같습니다.

하지만 성도들이 살아가는 모습을 보면 그렇지 않습니다. 살면서 왜 그리 어려운 일이 많은지 모르겠습니다. 신앙을 흔드는 유혹은 왜 그리 많은지 모릅니다. 그 이유는 간단합니다. 우리가 하나님의 백성이 되었지만 세상이 여전히 악하기 때문입니다. 우리가 사는 세상은 여전히 악의 세력이 힘을 발휘하는 곳입니다. 이런 세상에서 하나님의 자녀로 산다는 것은 결코 쉬운 일이 아닙니다. 그렇다고 세상을 떠나 믿는 사람들끼리 모여 살 수는 없습니다.

신약에서 교회라고 번역된 단어는 헬라어로 '에클레시아'입니다. 이 말은 '에크'(ex, ~으로부터)와 '칼레오'(to call, 부르다) 둘로 나눌 수 있습니다. 즉 에클레시아란 '~으로부터 불러 모으다'라는 뜻입니다. 세상에서 불러 모은 하나님의 백성이 에클레시아입니다. 세상에서 불러 모은 백성들은 자기들끼리만 모여 있으면 안 됩니다. 예수님이 명령하신 바가 있기 때문입니다. 마태복음 28장 19절입니다.

> 그러므로 너희는 가서 모든 민족을 제자로 삼아 아버지와 아들과 성령의 이름으로 세례를 베풀고.

이것은 예수님이 지상에서 마지막으로 하신 명령입니다. 예수님은 제자들에게 가라고 명하십니다. 우리는 세상으로 가야 합니다. 악한 세상에서 나와 다시 악한 세상으로 가야 합니다. 하지만 신분은 달라졌습니다. 그전에는 사탄의 종으로 세상에서 살았다면 이제는 하나님의 백성으로 세상에서 살아야 합니다.

악한 세상에서 하나님의 백성으로 살기란 결코 쉽지 않습니다. 그래서 성도가 살아가는 삶의 현장을 전쟁터라고 합니다. 전신갑주를 입어야 살아남을 수 있는 치열한 전쟁터입니다. 이 전쟁은 혈과 육에 관한 것이 아닙니다. 세상의 권세 잡은 자와 싸우는 영적 전쟁입니다. 우리는 이 영적 전쟁의 전초전을 구약성경에서 볼 수 있습니다.

하나님의 군대

구약성경의 '민수기'는 이스라엘 백성의 수를 센다는 뜻입니다. 민수기에는 1장에 한 번, 26장에 한 번, 이렇게 두 차례 백성의 수를 세는 이야기가 나옵니다. 그만큼 백성의 수를 세는 것이 중요하다는 뜻입니다. 그런데 백성의 수를 세는 것이 왜 중요할까요? 우리나라도 몇 년에 한 번씩 인구조사를 합니다. 나라의 인구를 알아야 그에 맞게 여러 가지 정책을 잘 세울 수 있기 때문입니다. 하지만 민수기에서 이스라엘 백성의 수를 세는 것은 그런 이유가 아닙니다.

민수기 1장 46절을 보면, 20세 이상 성인 남자의 합계가 나옵니다. "계수된 자의 총계는 육십만 삼천오백오십 명이었더라." 야곱의 가족이 애굽으로 건너갈 때만 해도 70명에 불과하던 인원이 430년 동안 애굽 생활을 거치며 장정만 60만 명이 된 것입니다. 이것은 단순히 한 가족의 수가 엄청나게 늘었음을 보여주는 것이 아니라 하나님이 아브라함에게 하신 자손에 대한 약속이 성취되었음을 보여줍니다. 아브라함 한 사람에서 시작해 장정만 60만이 넘는 한 민족을 이룬 것입니다.

그런데 백성의 수를 세는 장면에서 하나 더 눈여겨볼 점이 있습니다. 백성의 수를 셀 때 이스라엘 백성 중에서 20세 이상만 센다는 것입니다. 그들은 싸움에 나갈 수 있는 사람들입니다. 같은 의미에서 출애굽기 12장 41절도 볼 필요가 있습니다.

사백삼십 년이 끝나는 그날에 여호와의 군대가 다 애굽 땅에서 나왔은즉.

출애굽한 이스라엘 백성을 '여호와의 군대'라고 부르고 있습니다. 이 모두가 이스라엘 백성이 그냥 한 무리의 백성이 아니라 하나님의 군대임을 말하고 있습니다. 전쟁을 치러야 하는 군인들입니다. 그들은 무슨 전쟁을 치러야 합니까?

가나안 땅 정복 전쟁

하나님은 아브라함에게 자손에 대한 약속과 함께 땅에 대한 약속도 하셨습니다. 가나안 땅을 주겠다고 약속하셨습니다. 이미 본 것과 같이 자손에 대한 약속은 성취되었습니다. 아브라함의 후손은 장정만 60만 명이 넘는 이스라엘 백성이 되었습니다. 이제 남은 것은 땅에 대한 약속입니다.

가나안은 아무도 살지 않는 임자 없는 땅이 아닙니다. 이미 열 개의 족속이 자리를 잡고 살고 있고, 강대국들이 호시탐탐 기회를 노리는 땅입니다. 이런 땅을 야곱의 가족 70명으로는 차지할 수 없습니다. 하나님은 야곱의 가족 70명을 애굽으로 이주시키셨습니다. 이 70명을 통해 고센이라는 지역에서 430년 동안 차근차근 하나님의 60만 대군을 기르셨습니다.

드디어 이스라엘 백성이 가나안 땅을 차지할 준비가 되었습니다. 이제 가서 그 땅을 차지하면 됩니다. 구약의 여호수아서는 이스라엘 백성이 하나님의 약속을 어떻게 성취해가는지 잘 보여줍니다. 11장 23절입니다.

이와 같이 여호수아가 여호와께서 모세에게 말씀하신 대로 그 온 땅을 점령하여 이스라엘 지파의 구분에 따라 기업으로 주매 그 땅에 전쟁이 그쳤더라.

이 구절은 여호수아가 했던 두 가지 일을 이야기합니다. 온 땅을 점령하는 것과 그 점령한 땅을 지파들에게 기업으로 주는 것입니다. 그렇게 한 다음 그 땅에 전쟁이 그쳤다고 말합니다. 여기서 전쟁이란 가나안 땅 정복전쟁을 가리킵니다. 마침내 하나님이 약속하신 땅 가나안은 이스라엘 백성의 차지가 되었습니다. 하나님의 땅에 대한 약속도 성취되었습니다.

또 다른 전쟁 준비

그런데 한 가지 더 생각해볼 것이 더 있습니다. 시내 광야에서 벌어진 일입니다. 이스라엘 백성은 출애굽을 한 다음 바로 가나안 땅으로 진격하지 않습니다. 출애굽기 19장 1절을 보면, 이스라엘 백성은 출애굽한 지 3개월 만에 시내 광야에 도착합니다. 민수기 10장 11절을 보면, 출애굽 2년 2개월 20일에 시내 광야를 떠납니다. 계산해보면 대략 11개월 정도를 시내 광야에 머물러 있었습니다. 출애굽기 20-40장, 레위기 전체, 민수기 10장까지가 모두 시내 광야에 있을 때 일어난 일들에 대한 기록입니다.

하나님의 군대로 성장한 이스라엘 백성이 단순히 무력으로 가나안 땅을 정복하는 것이 전부라면 시내 광야에 이렇게 오래 머물러 있을 필요가 없습니다. 싸움은 기세입니다. 파죽지세로 그냥 가나안 땅으로 쳐들어가면 됩니다. 하지만 그렇게 하지 않고 시내산에 11개월 간 머무릅니다. 그동안 무엇을 합니까? 애굽에서 사는 동안 전쟁을 해본 경험이 없으므로 전쟁에서 이길 수 있는 개인 훈련과 전술 훈련을 했을까요?

그렇지 않습니다. 출애굽기 20장부터 보면 하나님과 이스라엘 백성이 언약을 맺고 율법을 받는 이야기가 나옵니다. 하나님께 제사 드리는 성막을 만드는 법과 그 성막에서 제사를 드리는 법이 나옵니다. 시내 광야에서 보낸 11개월은 하나님의 백성으로 어떻게 살아가야 하는지를 배우는 시간이었습니다.

그들은 왜 가나안 정복 전쟁을 앞두고 이런 시간을 가졌을까요? 가나안 정복은 단순히 군사적으로 점령한다고 해서 끝나는 일이 아니기 때문입니다. 군사 정복을 넘는 또 다른 전쟁, 바로 가나안 문화와의 전쟁이 있습니다.

문화 전쟁

이스라엘 백성이 애굽을 떠나 가나안 땅으로 가고 있을 때,

하나님은 그들에게 두 가지를 당부하십니다(레 18:3). 첫째, 이미 떠나온 애굽 땅의 풍속을 따르지 말 것, 둘째, 앞으로 들어가게 될 가나안 땅의 풍속과 규례를 따르지 말 것입니다.

이스라엘 백성에게 과거와 미래의 악습을 둘 다 피해야 하는 사명이 주어졌습니다. 시내 광야에서 보낸 11개월은 바로 그것을 위한 시간이었습니다. 그들은 애굽에서 몸에 밴 우상숭배를 씻어내야 했습니다. 그뿐만 아니라 가나안 땅에서 마주치게 될 악습을 이겨낼 준비를 해야 했습니다.

이스라엘 백성이 곧 마주하게 될 가나안의 풍습은 얼마나 악했을까요? 가나안은 자녀를 우상에게 제물로 바치는 땅이었습니다. 근친상간이 만연한 땅이었습니다. 동성애가 공공연한 땅이었습니다. 심지어 짐승과 교합하는 땅이었습니다(레 18:20-23).

교회에서 주관하는 장례예배 때 많이 부르는 찬송이 있습니다. 찬송가 606장입니다.

> 해보다 더 밝은 저 천국 믿음만 가지고 가겠네
> 믿는 자 위하여 있을 곳 우리 주 예비해 두셨네
> 며칠 후 며칠 후 요단강 건너가 만나리
> 며칠 후 며칠 후 요단강 건너가 만나리

요단강을 건넌다는 것은 가나안 땅에 들어가는 것을 의미합니다. 요단강을 건너서 가나안 땅에 들어가는 것을 주님이 예비하신 해보다 더 밝은 천국에 가는 것으로 노래합니다. 그러나 이스라엘 백성이 들어갈 가나안 땅은 장례 예배 때 노래하는 요단강을 건너서 가는 천국의 모형이 아닙니다. 그곳은 우상 숭배와 악한 문화가 지배하는 땅입니다. 이스라엘 백성은 그런 땅을 점령하고 그곳에서 살아야 합니다. 군사 정복은 무력으로 단번에 끝낼 수 있지만, 그곳의 문화를 정복하기란 결코 쉬운 일이 아닙니다.

세계사를 보면 군사 정복을 당했지만 문화는 오히려 자신들을 정복한 나라를 지배한 예가 많습니다. 그리스가 대표적입니다. 그리스 문화는 서양 문화의 원류입니다. 한때 큰 제국을 이루었던 그리스는 자기들끼리 서로 다투면서 힘이 약해졌습니다. 그러다 새롭게 등장한 로마에게 정복을 당했습니다. 로마가 군사적으로는 그리스를 점령했지만 문화는 그리스의 것을 받아들였습니다. 그리스 문화는 로마에서 더욱 꽃을 피웠습니다.

가나안이 이렇게 악한 땅이기 때문에 레위기에서 하나님이 이스라엘 백성에게 거듭해서 요구하시는 것이 있습니다. 레위기 18장에서 가나안의 악한 문화를 소개한 다음, 19장 2

절에서 바로 말씀하십니다.

너는 이스라엘 자손의 온 회중에게 말하여 이르라 너희는 거룩하라 이는 나 여호와 너희 하나님이 거룩함이니라.

하나님은 이스라엘 백성에게 거룩할 것을 요구하십니다. 하나님 자신이 거룩하시기 때문입니다. 하나님은 악한 가나안 땅에서 하나님을 따라 거룩하게 살라고 말씀하십니다.

가나안 땅은 하나님이 약속하신 땅이 맞습니다. 천국의 모형인 것도 맞습니다. 다만 장례예배 때 노래하듯이 죽어서 가는 낙원이라는 의미의 천국은 아닙니다. 이스라엘 백성이 삶으로 살아내야 하는 천국입니다. 거룩함으로 이루어가는 천국입니다. 오직 하나님께 순종해야 복을 누릴 수 있는 천국입니다. 천국, 즉 하나님의 나라는 '가는' 곳이 아니라고 앞에서 말씀드렸습니다. 천국은 '들어가는' 곳입니다. 죽어서 들어가는 것이 아닙니다.

예수님을 믿는 순간 우리는 이 땅에서 천국의 시민이 되어 천국에 거하게 됩니다. 이 땅에서 천국에 거한다는 것이 낙원에서 희희낙락하는 삶을 의미하지 않습니다. 우리는 가나안 땅에 살고 있습니다. 악한 문화가 지배하고 있는 가나안 땅에서 하나님의 통치를 받는 하나님의 백성으로 살아가고 있습니다. 그러므로 우리는 이 땅에서 천국을 살아내야 합니다. 거룩함으로 천국을 이루어가야 합니다. 하나님께 순종함으로 천국의 복을 누려야 합니다.

이스라엘이 실패한 이유

이스라엘 백성은 이 지점에서 실패했습니다. 약속받은 가나안 땅을 차지했으나, 군사적으로 정복했으나 가나안의 악한 문화에 오히려 정복당하고 말았습니다.

여호수아서 말미에 이스라엘 백성이 지파별로 가나안 땅을 분배받는 장면이 나옵니다. 그들은 이제 그 땅에서 거룩하게 하나님의 나라를 이루어가면 됩니다. 하지만 그들은 그러지 못했습니다. 여호수아서에 이어지는 사사기는 이스라엘에 왕국이 세워지기 전에 지도자 사사들이 다스리던 때의 일을 담고 있습니다. 사사기 2장 8-11절을 보겠습니다.

⁸ 여호와의 종 눈의 아들 여호수아가 백십 세에 죽으매 ⁹ 무리가 그의 기업의 경내 에브라임 산지 가아스 산 북쪽 딤낫 헤레스에 장사하였고 ¹⁰ 그 세대의 사람도 다 그 조상들에게로 돌아갔

고 그 후에 일어난 다른 세대는 여호와를 알지 못하며 여호와께서 이스라엘을 위하여 행하신 일도 알지 못하였더라 ¹¹ 이스라엘 자손이 여호와의 목전에 악을 행하여 바알들을 섬기며.

여호수아는 110세에 죽었습니다. 여호수아와 함께했던 세대들도 다 죽었습니다. 그러자 어떤 일이 일어났습니까? 10절은 그 다음 세대가 하나님을 알지 못했다고 말합니다. 11절은 그들이 하나님 앞에서 악을 행하여 우상을 섬겼다고 말합니다. 이스라엘이 가나안 땅에 정착하고 한참 시간이 흐른 후에 일어난 일이 아닙니다. 정복 1세대가 죽자 바로 그 다음 세대부터 하나님을 버리고 가나안의 문화에 정복당하기 시작합니다. 사사기 3장 5-6절을 보겠습니다.

⁵ 그러므로 이스라엘 자손은 가나안 족속과 헷 족속과 아모리 족속과 브리스 족속과 히위 족속과 여부스 족속 가운데에 거주하면서 ⁶ 그들의 딸들을 맞아 아내로 삼으며 자기 딸들을 그들의 아들들에게 주고 또 그들의 신들을 섬겼더라.

5절을 보면, 이스라엘 자손이 가나안 족속 가운데 거주했다고 나옵니다. 이 구절을 표준새번역 성경은 '함께 섞여 살았다'고 번역합니다. 하나님은 거룩하라고 명하셨지만 이스라엘 백성은 구별되지 못하고 가나안 족속과 섞여 살았습니다. 이것은 단순히 거주지가 같았다는 말이 아닙니다. 6절을 보면, 이스라엘 백성은 그들과 혼인관계를 맺고 그 결과 가나안의 신들을 섬기게 되었습니다.

이스라엘 백성의 실패는 가나안 땅에 왕국이 세워진 후에도 계속되었습니다. 이스라엘의 초대 왕은 사울이었지만 왕조를 이루지 못했고, 사울 다음으로 다윗이 왕이 되어 다윗 왕조를 이룹니다. 다윗의 아들은 솔로몬이고, 솔로몬의 아들은 르호보암입니다. 르호보암 때 이스라엘은 북이스라엘과 남유다 둘로 나누어집니다.

북이스라엘의 마지막 왕은 호세아입니다. 호세아 제9년에 앗수르가 침입하여 수도인 사마리아를 점령하고 사람들을 앗수르로 끌고 갑니다. 주전 722년에 북이스라엘은 멸망했습니다. 북이스라엘이 멸망한 이유는 무엇입니까? 한 나라가 멸망하는 데는 여러 가지 이유가 있습니다. 군사적, 경제적, 외교적인 이유 등을 다각도로 분석할 수 있습니다. 그러나 성경은 이러한 외적 이유를 말하지 않습니다. 북이스라엘의 멸망을 보고하고 나서 바로 다음 절에서 왜 이런 일이 벌어졌는지를 설명합니다. 열왕기하 17장 7-8절입니다.

⁷ 이 일은 이스라엘 자손이 자기를 애굽 땅에서 인도하여 내사 애굽의 왕 바로의 손에서 벗어나게 하신 그 하나님 여호와께 죄를 범하고 또 다른 신들을 경외하며 ⁸ 여호와께서 이스라엘 자손 앞에서 쫓아내신 이방 사람의 규례와 이스라엘 여러 왕이 세운 율례를 행하였음이라.

이스라엘 자손들은 다른 문제가 아니라 하나님께 죄를 범했기 때문에 멸망했습니다. 그들은 다른 신들을 섬겼습니다. 하나님은 가나안의 문화를 따르지 말라고 분명히 명하셨는데, 그들은 하나님이 쫓아내신 이방인의 규례를 따랐습니다. 북이스라엘은 군사력이 약해서 망한 것이 아니라 가나안의 악한 문화를 따르지 말라는 하나님의 말씀에 불순종했기 때문에 멸망했습니다. 다시 말해 가나안과의 문화 전쟁에서 졌기 때문에 멸망했습니다.

북이스라엘이 멸망하고 남유다가 남았습니다. 남유다는 형편이 어떻습니까? 다니엘서 9장을 보면 남유다가 멸망하고 나서 다리오 왕이 통치하던 때, 다니엘이 기도한 내용이 나옵니다.

⁵ 우리는 이미 범죄하여 패역하며 행악하며 반역하여 주의 법

도와 규례를 떠났사오며 ⁶우리가 또 주의 종 선지자들이 주의 이름으로 우리의 왕들과 우리의 고관과 조상들과 온 국민에게 말씀한 것을 듣지 아니하였나이다 ⁷주여 공의는 주께로 돌아가고 수치는 우리 얼굴로 돌아옴이 오늘과 같아서 유다 사람들과 예루살렘 거민들과 이스라엘이 가까운 곳에 있는 자들이나 먼 곳에 있는 자들이 다 주께서 쫓아내신 각국에서 수치를 당하였사오니 이는 그들이 주께 죄를 범하였음이니이다.

7절은 예루살렘 거민과 이스라엘 사람들이 주께서 쫓아내신 각국에서 수치를 당했다고 말하고 있습니다. 남유다가 멸망하고 나서 그 백성들이 애굽으로 도망가거나 바벨론에 포로로 끌려가서 수치를 당했습니다. 다니엘은 이러한 수치의 원인이 어디에 있다고 말합니까? 5절을 보면, 비슷한 단어를 반복해서 말하고 있습니다. 범죄, 패역, 행악, 반역. 그들은 주의 규례와 법도를 떠났습니다. 선지자들이 하나님의 이름으로 말한 바를 듣지 않았습니다. 남유다도 북이스라엘과 같은 길을 걷다가 결국 하나님의 심판으로 멸망하고 만 것입니다.

구약시대 이스라엘은 약속의 땅 가나안에서 구별된 하나님의 백성으로 살아가야 했습니다. 그러나 악한 가나안 문화에 휩쓸려 이 땅에서 하나님의 통치 대행자로서 제 역할을 하는 데 실패했습니다. 그렇다면 새로운 하나님의 백성인 교회는 이 세상에서 어떻게 살아야 할까요?

❖ **정리와 나눔**

1. 아브라함이 하나님의 자손에 대한 약속은 바로 믿었지만 땅에 대한 약속에는 다소 회의적이었던 이유가 무엇입니까?
2. 이스라엘 백성이 출애굽 후 들어가야 하는 가나안 땅은 어떤 곳이었습니까? 오늘날의 세상과 비교하여 생각해보세요.
3. 출애굽한 이스라엘 백성은 60만 대군을 이끌고 가나안 땅으로 바로 진격하지 않고 시내산에서 11개월 동안 머물렀습니다. 그 이유가 무엇입니까? 그것은 오늘날 우리에게 어떤 교훈을 줍니까?
4. 하나님이 이 땅의 통치 대행자로 세우신 이스라엘이 실패하고 멸망한 이유는 무엇입니까?

세상 속의 그리스도인

9. 세상을 바꾸는 교회

불법은 성실하다는 말이 있습니다. 불법을 행하는 자들은 그들의 목적을 이룰 때까지 쉬지 않고 일한다는 의미입니다. 마태복음 27장에서 예수님의 재판 과정을 보면 이 말이 아주 잘 들어맞습니다.

마태복음 27장 1절에 시간을 알 수 있는 말이 나옵니다. 새벽입니다. 예수님은 정확한 시간은 모르지만 밤에 잡히셨습니다. 그럴 경우 일단 옥에 가두었다가 날이 밝은 다음에 재판을 진행하면 됩니다. 그러나 예수님을 잡은 자들은 기회가 왔을 때 예수님을 처리하려고 밤새 쉬지 않고 일합니다. 예수님을 이리저리 끌고 다니며 자신들의 악한 일에 정당성을 부여하려고 합니다. 공회에서 예수님을 재판하고 빌라도 앞에 세웁니다. 한두 사람이 꾸미는 일이 아닙니다. 그 새벽에 모든 대제사장과 백성의 장로들이 모여 밤새 잠도 자지 않고 악한 일을 도모하고 있습니다.

이것이 악의 모습입니다. 악은 절대 쉬지 않습니다. 마귀에게 쉬는 시간은 없습니다. 마귀는 잠들지 않으며 피곤하다고 악한 일을 손에서 놓지도 않습니다. 우리가 조금이라도 틈을 보이면 여지없이 파고듭니다. 그래서 성경은 우리에게 끊임없이 근신하라, 깨어 있으라고 권면합니다. 베드로전서 5장 8절입니다.

> 근신하라 깨어라 너희 대적 마귀가 우는 사자같이 두루 다니며 삼킬 자를 찾나니.

마귀가 우는 사자같이 삼킬 자를 찾는 시대에 우리는 살고 있습니다.

두 영역

이스라엘 백성은 악한 가나안 문화 속에서 하나님의 백성으로 살아가야 했습니다. 예수 그리스도를 믿음으로 하나님의 새로운 백성이 된 우리도 비슷한 상황입니다. 에베소서 1장 1절을 보겠습니다.

> 하나님의 뜻으로 말미암아 그리스도 예수의 사도 된 바울은 에베소에 있는 성도들과 그리스도 예수 안에 있는 신실한 자들에게 편지하노니.

바울은 에베소 교인들에게 편지를 쓰고 있습니다. 1절을 잘 보면, 에베소 교인들이 살아가고 있는 두 영역이 나옵니다. 우선 바울은 수신자를 가리켜 "에베소에 있는 성도들"이라고 밝힙니다. 에베소 교인들은 당연히 에베소라는 도시에 살고 있습니다. 에베소는 그 당시 무역과 상업의 중심지이고 아주 화려한 도시였습니다. 게다가 풍요의 여신 아데미 신전이 있는 우상 숭배의 도시였습니다. 또한 바울은 수신자를 "그리스도 예수 안에 있는 신실한 자들"이라고 부릅니다. 에베소 교인들은 에베소라는 우상 숭배의 도시에 사는 동시에 그리스도 예수 안에서 살고 있는 것입니다. 즉 세상과 예수님, 두 영역에서 살고 있습니다.

오늘날 우리도 마찬가지입니다. 우리는 이 세상에서 살고 있습니다. 동시에 우리는 하나님 나라에 속한 사람들로서 하나님 나라의 백성입니다. 이 세상이 하나님의 뜻대로 사는 세상이면 문제될 것이 없습니다. 그렇지 않으니 문제입니다. 이 세상에서는 공중의 권세 잡은 자가 힘을 쓰고 있습니다. 그들은 어둠의 세상을 주관하는 자들이며 악한 영들입니다. 이런 세상에서 우리가 살고 있습니다. 가나안 땅에 들어가 살아야 했던 이스라엘 백성과 같은 처지입니다.

그렇다고 세상을 떠나서 살 수도 없습니다. 프랑스 신학자이자 사회학자 자크 엘륄은 그의 책 『세상 속의 그리스도인』[*]에서 이렇게 말합니다.

> 성서는 그리스도인의 정체에 대해 우리에게 말해주고 있는데, 먼저 그는 세상 안에 있고 또 세상에 머물러야 한다는 것이다. 그리스도인은 세상에서 분리되거나 동떨어져 있으려고 존재하는 것이 아니다. 세상에서 분리되는 것은, 하나님이 알곡은 취하고 가라지를 버리실 때, 즉 세상의 종말 시점에서 하시는 일이다.

그리스도인은 세상 안에 있고 세상에 머물러야 합니다. 세

---

[*] 자끄 엘륄, 『세상 속의 그리스도인』(박동열 역, 대장간, 2010)

상과 결코 분리되어 살 수 없습니다. 그리스도인은 종말의 때에 이르러서야 세상과 분리됩니다. 하나님이 심판대에 서서 양과 염소를 나누실 때, 알곡은 취하고 가라지는 버리실 그때, 비로소 분리될 것입니다.

이 세상에서 우리는 하나님의 백성으로 어떻게 살아야 할까요? 분명히 알아야 할 것이 있습니다. 그리스도인은 이 세상과 분리될 수 없지만 이 세상에 속한 사람은 아니라는 점입니다. 우리는 이 세상에 살고 있지만 이 세상의 사람이 아니라 하나님 나라의 백성입니다.

국적을 정하는 기준으로 속인주의와 속지주의가 있습니다. 속인주의를 취하는 나라는 부모의 국적을 따라 국적이 결정됩니다. 부모가 한국 사람이면 아이가 어디서 태어났든지 한국 사람입니다. 반면에 속지주의는 어느 나라에서 태어났는지가 중요합니다. 미국이 대표적인 속지주의 나라입니다. 부모의 국적과 상관없이 미국에서 태어난 아이는 미국 국적을 가지게 됩니다.

성도는 어떻습니까? 하나님 나라는 속인주의입니까, 속지주의입니까?

하나님 나라는 속인주의입니다. 어디에 사느냐가 아니라 누구에게 속해 있느냐가 중요합니다. 우리가 비록 이 세상에 살고 있더라도 하나님께 속해 있다면 하나님 나라의 백성입니다. 우리의 국적은 이 세상이 아니라 하나님 나라입니다.

성경은 하나님을 우리의 아버지라고 말합니다. 아버지의 나라를 따라가는 것이 마땅합니다. 우리는 이 세상에서 하나님의 백성으로 살아가야 합니다. 하나님이 처음 이 세상을 창조하셨을 때 보시기에 좋았던 것과 같이 이 세상을 변화시켜 나가야 합니다.

아담은 창조되었을 때 통치 대행자로서 문화 명령을 받았습니다. 이 문화 명령은 새로운 통치 대행자인 교회에도 여전히 유효합니다. 하나님의 뜻에 따라 세상을 하나님이 보시기에 좋게 가꾸어갈 책임이 교회에 있습니다.

기독교 정권이면 무조건 오케이?

선거 때만 되면 한국 교계에 쟁점으로 떠오르는 것이 있습니다. 기독교 정당입니다. 기독교 정당은 대통령 후보자를 내기도 하고, 국회의원 선거 때는 지역구에 후보자를 냅니다. 기독교 정당은 최근에 두드러진 이슈는 아닙니다. 우리나라 건국 초기부터 그 필요성이 꾸준히 제기되었던 사안입니다. 기독교 정당을 만들려고 하는 사람들이 내세우는 명분을 보면 나름대로 그럴 듯하게 보입니다. 주변을 둘러보면 정치를 걱정하는 사람이 많습니다. 정치만 제대로 하면 이 나라는 지금보다 훨씬 더 발전할 것이라는 말도 합니다. 그런 상황에서 성경에 입각한 기독교 정신으로 이 나라를 이끌기 위해 기독교 정당을 만드니 표를 달라고 말합니다. 기독교 정당이 정권을 잡으면 이 나라가 성경에 입각한 기독교 국가가 될 수 있다고 장담합니다.

종교가 국가 권력을 잡는 것, 즉 정교일치가 과연 옳은지는 더 생각해볼 필요가 있습니다. 역사학자 이만열 교수는 우리나라 초대정부인 이승만 정권이 기독교 정권이었다고 말합니다. 독실한 기독교 신자로 알려진 이승만 대통령은 사실상 정교분리의 원칙을 무시하면서 정부를 구성하는 데 기독교인을 대거 등용했습니다. 국회의원 중에서도 기독교 신자의 비율이 높았습니다. 제헌국회의 경우 북한에 배정된 100석을 제외하고 198명의 국회의원을 선출했는데, 그중 25퍼센트에 해당하는 50명 정도가 기독교 신자였고, 그중 네 명은 목사였습니다. 초대 내각의 21개 부·처의 수장 가운데 기독교 신자가 아홉 명이었고, 그중 두 명은 목사였습니다.

당시 한국 교회는 대통령이 기독교 신자인데다가 정부가 친기독교적이라고 해서 지지를 보냈습니다. 하지만 우리는 이

승만 정권이 어떤 결말을 맞았는지 역사를 통해 잘 알고 있습니다. 단순히 기독교가 정권을 잡았다고 모든 문제가 해결되는 것은 아닙니다.

빛으로 오신 예수님

그러면 어떻게 해야 할까요? 교회는 악해지는 세상을 무방비로 지켜보기만 해야 할까요? 원래 세상이 그렇지 하며 무기력하게 있어야 할까요?

예수님을 생각해보겠습니다. 예수님은 이 땅에 인간으로 오셨습니다. 요한복음 1장 5절은 예수님이 이 땅에 오신 사건을 이렇게 묘사합니다.

> 빛이 어둠에 비치되.

예수님이 오실 당시 이 세상은 어두웠습니다. 그것은 악한 세상을 비유적으로 표현한 것이기도 하지만 당시 이스라엘의 상황은 정말이지 암울하고 어두웠습니다. 이스라엘은 나라를 빼앗겼습니다. 로마의 식민지였습니다. 식민지 국가가 그렇듯이 이스라엘은 경제적으로도 매우 어려웠습니다. 오병이어 기적을 경험한 사람들은 예수님을 왕으로 세우려고 했습니다. 먹고 살기 어려운 시절에 배불리 먹여주는, 경제를 살리는 기적을 보여준 예수님은 그들에게 매력적이었습니다.

종교적으로는 어땠습니까? 율법의 정신은 사라지고 껍데기만 남았습니다. 종교 지도자들은 백성을 말씀으로 잘 인도하기보다는 자기를 과시하기에 바빴습니다. 친로마파와 반로마파로 갈라져 서로 다투기만 했습니다. 예수님은 그런 사회에 오셨습니다. 어디에도 희망이 없는 어두운 세상이었습니다.

예수님은 어떻게 하셨습니까? 예수님은 어두운 세상에 빛으로 오셨습니다. 예수님은 그런 사회를 바꾸기 원하셨습니다. 그분의 가르침은 당시 사회에 비추어보았을 때 굉장히 급진적이고 혁명적이었습니다.

당시에는 정결법이라는 것이 있었습니다. 쉽게 말해 사람이나 장소, 시간을 거룩함의 정도에 따라 나누는 것입니다. 지성소가 가장 거룩한 곳입니다. 다음은 성소, 성전, 성전이 있는 예루살렘, 유대 땅, 이방인의 땅 순서입니다. 사람도 마찬가지입니다. 대제사장이 가장 거룩합니다. 유대인 중에서도 남자가 여자보다 더 거룩합니다. 이방인은 불결한 존재입니다. 시간도 나눕니다. 안식일이나 하나님께 제사 드리는 절기가 거룩합니다. 정결법은 당시 유대 사회를 유지하는 근간이었습니다. 정결법을 깨는 것은 사회의 근간을 흔드는 일이므로 심각한 범죄였습니다.

예수님은 정결법의 근간을 흔드셨습니다. 이방인의 땅으로 가시고 이방인들을 만나셨습니다. 거룩하다고 자처하는 종교지도자들을 독사의 자식이라고 부르셨습니다. 거룩한 날인 안식일의 규례를 어기기도 하셨습니다. 자신을 하나님의 아들이라 하시고, 가장 거룩한 장소인 성전을 헐어버리라고도 하셨습니다. 게다가 산상설교에 나오는 예수님의 가르침을 보면 구약의 율법 자체를 흔드는 것처럼 보입니다.

물론 이 모든 것은 사람들의 오해였습니다. 예수님은 율법을 무시한 것이 아니라 하나님이 처음에 주셨던 율법의 참된 의미를 회복하셨습니다. 하지만 당시 사람들이 보기에 예수님의 말씀과 행동은 너무나 급진적이었습니다. 그들은 예수님을 위험한 인물이라고 판단했습니다. 사회를 혼란하게 하고 그들의 기득권을 위협하는 존재로 생각했습니다. 그들은 결국 예수님을 십자가에 못박아 죽이고 말았습니다.

이런 급진적인 가르침을 주신 예수님은 어떻게 하셨습니까? 그분은 사람들을 규합하여 로마의 압제에 대항하지 않으셨습니다. 예루살렘 정치에 합류하여 정치권력을 잡고 세상을 바꾸려 하지 않으셨습니다. 실의에 빠진 사람들을 조직하여 사회 혁명을 꾀하지도 않으셨습니다.

예수님은 열두 제자를 모으셨습니다. 그들을 중심으로 이 땅에 하나님의 공동체인 교회를 세우셨습니다. 교회는 어두운 세상을 밝히기 위해 예수님이 택하신 방법이었습니다. 교회는 악한 세상에 맞서는 예수님의 대안이었습니다. 하나님을 거부하고 사탄의 지배를 받는 세상, 빛을 거부하고 어둠을 좋아하는 세상 가운데서 하나님을 따르고 빛으로 사는 사람들의 공동체를 세우는 것이 이 세상을 바꾸시는 예수님의 방법이었습니다.

예수님은 악한 세상을 확 뒤엎어 바꾸지 않으셨습니다. 대신에 다르게 사는 사람들, 하나님의 뜻대로 사는 사람들의 공동체를 세우셨습니다. 그들이 사는 모습을 통해 세상을 바꾸기를 원하셨습니다. 세상을 따라 살아가지 않고 다르게 사는 삶도 있다는 것을 세상에 보여주기를 원하셨습니다.

대조사회

이런 면에서 교회는 모델하우스와 비슷합니다. 모델하우스는 아직 완공되지 않은 집을 모형으로 보여줍니다. 지금 짓고 있는 집이 장차 어떠할지를 미리 보여주는 것입니다.

교회는 천국의 모델하우스입니다. 세상은 본래 하나님의 집으로 창조되었습니다. 그러나 본래의 모습이 훼손된 세상 속에서 하나님의 집이 실제로 어떠한 곳인지를 보여주는 곳이 바로 교회입니다. 교회를 찾는 사람들은 이 세상에서는 결코 맛볼 수 없는 천국의 맛을 교회에서 볼 수 있어야 합니다. 세상과 다른 하나님의 집만이 가진 독특한 분위기를 느낄 수 있어야 합니다.

존 스토트는 교회를 대조사회라고 말합니다. 세상과는 다른, 세상과는 구별된, 세상의 가치관이 아닌 다른 가치관으로 살아가는 곳이 바로 교회입니다. 에베소서 5장 8-13절을 보겠습니다.

[8] 너희가 전에는 어둠이더니 이제는 주 안에서 빛이라 빛의 자녀들처럼 행하라 [9] 빛의 열매는 모든 착함과 의로움과 진실함에 있느니라 [10] 주를 기쁘시게 할 것이 무엇인가 시험하여 보라 [11] 너희는 열매 없는 어둠의 일에 참여하지 말고 도리어 책망하라 [12] 그들이 은밀히 행하는 것들은 말하기도 부끄러운 것들이라 [13] 그러나 책망을 받는 모든 것은 빛으로 말미암아 드러나나니 드러나는 것마다 빛이니라.

이 말씀은 세상과 구별되는 교회의 모습을 어둠과 빛이라는 이미지를 통해 아주 극명히 보여주고 있습니다. 우선 8절은 현재 우리의 모습을 말하고 있습니다. 우리가 전에는 어둠이었지만 이제는 빛입니다. 성경은 결코 우리에게 빛이 되어라, 빛이 되기 위해 노력하라고 말하지 않습니다. 우리는 이미 빛이기 때문입니다.

산상설교에서도 예수님은 분명히 말씀하십니다. "너희는 세상의 빛이 되어라"가 아니라 "너희는 세상의 빛이다"라고 말씀하십니다. 교회는 이미 빛입니다. 빛의 신분, 빛이라는 정체성을 가지고 있습니다.

교회가 빛이기에 해야 하는 역할이 있습니다. 11절을 보면, 어둠의 일에 참여하지 말고 도리어 책망하라고 말합니다. 여기서 책망하라는 것은 무조건 혼내라는 말이 아닙니다. 영어 성경에서는 expose라는 단어가 사용되었습니다. 이 단어는 '폭로하다'라는 의미가 있습니다. 표준새번역 성경도 같은 말로 번역했습니다. '책망하다'라는 말과 '폭로하다'라는 말은 뉘앙스가 다릅니다. 책망한다는 것은 상대방의 잘못을 직접 혼낸다는 의미입니다. 반면에 폭로한다는 것은 잘못 자체를 드러낸다는 의미입니다. 교회는 빛이기에 어둠의 일을 폭로합니다. 드러내는 것이지요.

이렇게 생각하면 이해하기 쉽습니다. 대낮인데도 사방이 꽉 막혀 있는 방을 상상해보겠습니다. 방이 어두컴컴합니다. 그때 한쪽 문틈으로 한줄기 빛이 들어옵니다. 그러면 뭐가 보일까요? 별것 없습니다. 먼지가 보입니다. 빛이 없이 컴컴할 때는 있는 줄도 몰랐는데 빛이 들어오니 방 안에 떠다니는 먼지가 잘 보입니다.

세상이 다 어두웠을 때는 어둠의 일이 무엇인지 알 수 없었습니다. 그러나 빛이 어두운 세상에 들어오자 어둠의 일들이 드러나기 시작했습니다. 폭로되기 시작했습니다. 교회는 빛으로 살아가는 존재 자체로 이 세상에 있는 어둠의 일을 폭로하는 곳입니다. 교회가 이런 역할을 하지 못하면 사회에서 비난을 받습니다. 교회가 빛을 보이지 않고 어둠에 참여하면 세상이 교회를 쉽게 보고 우습게 여깁니다.

요즈음 교회는 한국 사회에서 욕하기 가장 만만한 상대가 되었습니다. 교회와 관련된 곳만 아니면 어디에 가서 교회 욕을 하는 것이 가장 뒤탈이 없습니다. 왜 그렇게 되었을까요? 교회가 빛의 역할을 감당하지 못하기 때문입니다.

독버섯 같은 교회?

제 딸이 좋아하는 그림책 중에 『엉망진창 섬』이라는 그림책이 있습니다. 윌리엄 스타이그 작가의 작품입니다. 이 사람의 책은 다 재밌습니다. 그는 애니메이션 영화로 유명한 〈슈렉〉의 원작자이기도 합니다.

이 책의 배경이 되는 엉망진창 섬은 정말 엉망진창입니다. 울퉁불퉁 바위투성이에 모난 돌들이 나뒹굴고 수시로 화산이 폭발합니다. 식물들은 가시투성이에 배배 꼬였고, 한 시간마다 지진이 나고, 회오리바람과 천둥 번개, 먼지바람이 뒤엉키는 곳입니다. 이곳에는 괴물들이 사는데 하나같이 흉측하고 기괴하게 생겼습니다. 서로 어찌나 미워하는지 만나기만 하면 불을 뿜고 침을 뱉고 나쁜 소리를 내는 것이 인사입니다. 이 괴물들은 항상 나쁜 일만 생각하며 어떻게 하면 다른 괴물을 괴롭힐 수 있을까, 어떻게 하면 복수할 수 있을까 궁리하고, 다른 괴물이 괴로워하는 것을 볼 때 가장 신나게 웃어 댑니다. 정말 엉망진창인 섬입니다.

그러던 어느 날 이 섬에 이상한 것이 하나 나타납니다. 자갈밭에 아름다운 꽃 한 송이가 피어났습니다. 꽃을 본 괴물들이 어떻게 반응했을까요? '와, 정말 아름답구나' 하고 감탄

했을까요? 그렇지 않습니다. 아름다운 것을 한 번도 본 적 없는 그들은 어찌할 바를 모르고 무서워하며 화를 냈습니다. 꽃을 볼 때마다 불을 뿜고 으르렁댔습니다. 당연히 그 꽃을 없애버리고 싶었겠지요. 하지만 그럴 수 없었습니다. 자신들과는 너무나 다른 아름다운 꽃을 감히 만지지도 못했습니다.

섬 이곳 저곳에 꽃이 피어나기 시작합니다. 괴물들은 더 이상 견딜 수 없었습니다. 너무 무서워 꽃에 직접 손을 댈 수 없자 서로를 공격합니다. 다같이 물고 뜯고 싸우다가 결국은 다 죽고 맙니다. 괴물들이 사라지고 나서 섬에는 오랫동안 비가 오고 그 뒤에 섬 전체에 꽃이 피어납니다. 그 섬은 더 이상 엉망진창 섬이 아니라 새들이 날아드는 아름다운 섬이 되었습니다.

이 그림책을 통해 교회의 모습을 한번 생각해볼 수 있습니다. 캄캄한 곳에 있다가 갑자기 눈에 빛이 들어오면 빛을 바로 볼 수 없습니다. 얼굴을 찡그리게 됩니다. 초대 교회를 보면 교회가 세상에 그런 이미지였습니다. 악한 세상이 함부로 할 수 없는 고결함, 선함과 아름다움에서 나오는 압도적인 분위기가 교회에 있었습니다. 못나고 악한 괴물들을 놀라게 하는 엉망진창 섬의 아름다운 꽃과 같은 이미지가 초대 교회에 있었습니다. 세상이 감당하지 못하고 감히 어찌하지 못하는 위엄이 교회에 있었습니다.

그런데 오늘날에는 교회가 그러한 고결함을 보여주지 못하니 세상이 교회를 함부로 대합니다. 교회가 세상과 다르다는 것을 보여주지 못하니 세상이 교회를 우습게 봅니다.

교회는 독버섯과 같아야 합니다. 좀 이상하지요? 교회가 독버섯 같아야 한다니. 동물이나 식물은 자신을 보호하는 방법을 하나씩은 가지고 있습니다. 그런 방법 중 하나가 보호색입니다. 자신의 몸을 주변의 색과 비슷하게 만들어 천적들의 눈을 피하는 것입니다. 카멜레온이 대표적인 예입니다. 그런데 전혀 상반된 의미의 보호색을 띠는 경우도 있습니다. 독버섯이 그렇습니다. 독버섯은 대개 색상이 아주 화려합니다. 어디에 있어도 눈에 금방 띕니다. 독버섯은 자신의 존재를 주변에 확실히 알리고 있습니다. "나 독 있는 버섯이야. 나 먹으면 다 죽어. 그러니 건들지 마." 화려한 색으로 주변에 시위를 하는 셈입니다. 방울뱀도 비슷합니다. 방울뱀의 소리는 주변에 있는 코끼리나 소와 같이 덩치 큰 동물들에게 경각심을 줍니다. '저기 독 있는 뱀이 있다. 가다가 혹시라도 밟으면 큰일 나니 피해 가자'라고 생각하게 만듭니다.

교회는 이런 독버섯이나 방울뱀과 같아야 합니다. 사회에 독을 품거나 독을 주는 존재가 되어야 한다는 말이 아닙니다.

주변 세상과 선명하게 구별되는 색을 가져야 합니다. 또렷이 구별되는 소리를 내야 합니다. 세상 누구나 바로 알아보고 인정할 수 있도록 세상과 확연히 달라야 합니다. 교회의 모습과 교회의 소리가 세상에 경종을 울릴 수 있어야 합니다. 어두운 세상을 향해 빛을 비추어야 합니다.

이런 교회가 바로 하나님 나라가 이 땅에서 어떻게 성취되고 있는지를 보여주는 모델하우스 같은 교회입니다. 이런 교회를 통해 하나님 나라가 확장되고 세상은 바뀔 수 있습니다.

빛의 자녀로 행하라

그렇다면 어떻게 해야 할까요? 교회가 구체적으로 어떻게 해야 세상에 하나님의 집을 보여줄 수 있을까요? 어떻게 해야 엉망진창 섬의 꽃들처럼 엉망진창 섬을 꽃들의 섬으로 바꿀 수 있을까요?

에베소서 5장 8절의 마지막 구절을 보면, 빛의 자녀들처럼 행하라고 말합니다. 그 다음 9절에서는 빛의 열매가 무엇인지 말하고 있습니다. 모두가 빛의 자녀들이 살아내야 하는 삶의 모습입니다. 모든 착함과 의로움과 진실함입니다.

좀 시시해 보이지 않나요? 이 악한 세상에서 하나님 나라를 가꾸어가야 하는데, 사탄이 지배하는 이 땅을 확 바꾸어야 하는데, 무언가 거창한 행동강령이라도 있어야 하는 것 아닌가요? 피켓이라도 들고 거리로 나가야 하는 것 아닌가요? 뜻을 같이하는 사람과 세력을 모아야 하는 것 아닌가요?

그러나 성경은 그렇게 말하지 않습니다. 착하게 살아야 한다, 의로워야 한다. 거짓말하지 말고 진실하라, 이것이 끝입니다. 무슨 이야기를 하고 있습니까? 물론 우리는 이 땅의 악한 구조를 바꾸기 위해 노력해야 합니다. 악한 세상의 구조를 바꾸기 위한 노력을 교회가 적극적으로 지원해야 합니다. 다만 그 전에 할 일이 있습니다. 악한 세상의 구조를 바꾸려고 나서기 전에 교회가 먼저 바뀌어야 합니다. 교회인 성도 한 사람 한 사람이 먼저 바뀌어야 합니다.

세상을 뒤집는 것을 혁명이라고 합니다. 이 세상은 예수 그리스도의 복음으로 혁명되어야 합니다. 그러기 위해 내가 먼저 복음으로 혁명되어야 합니다. 우리의 생각과 삶이 혁명되지 않으면, 다시 말해 교회가 먼저 바뀌지 않으면 세상을 바꿀 수 있는 동력을 얻을 수 없습니다. 비록 작지만 내 삶의 자리에서 나를 바꾸는 혁명이 있어야 합니다.

이 세상은 적당히 나쁜 짓도 하고, 의롭지 못한 방법과 타협도 하고, 거짓말도 조금은 할 줄 알아야 인생에서 성공할 수 있다고 강요합니다. 그러한 세상에서 그래도 나 하나만이라도 착하게, 의롭게, 진실하게 삶의 혁명을 이루어가는 성도가 되어야 합니다. 그러한 성도들이 한 사람 한 사람 늘어갈 때, 세상이 교회를 두려워하고 어려워하게 될 것입니다. 결국 교회가 세상을 변화시킬 수 있습니다.

❖ **정리와 나눔**

1. 성도는 두 영역에서 살아가는 존재입니다. 각각 어디입니까?
2. 예수님은 어두운 세상에 빛으로 오셨습니다. 예수님이 세상을 변화시키기 위해 어떤 방법을 택하셨습니까?
3. 요즈음 교회는 우리 사회에서 어떤 평가를 받고 있습니까? 나는 교회 다니지 않는 친구들에게 어떤 사람으로 평가받을까요?
4. 이 세상을 바꾸기 위해 내가 할 수 있는 일은 무엇입니까?

10. 세상을 바꾸는 힘, 기도

교회는 악한 세상 한가운데서 살고 있습니다. 인류의 역사를 보면 악한 세상을 조금이라도 개선하려는 노력이 많이 있었습니다. 여러 혁명과 사회운동이 이어졌습니다. 개개인의 의식을 바꾸려는 노력도 있었습니다. 그런 노력을 통해 세상은 예전보다 조금씩 나아졌습니다.

그렇다면 교회는 이 악한 세상을 변화시키기 위해 어떤 일을 할 수 있을까요? 교회도 여러 가지 사회운동을 할 수 있습니다. 기독교윤리실천운동과 같이 도덕적으로 타락한 사회에 바른 윤리를 세우기 위한 사회운동을 할 수 있습니다. 그러한 노력은 정말 소중하고 값집니다.

그런데 그런 노력과는 달리 세상은 절대 할 수 없고 오직 교회만이 할 수 있는 일이 있습니다. 사회운동이니 사상 개조니 하는 일은 사회단체에서도 얼마든지 할 수 있습니다. 그러나 그런 단체들은 결코 할 수 없지만 교회만이 할 수 있는 가장 강력하고 효과적인 방법이 있습니다.

기도입니다. 기도는 교회만이 할 수 있는 일이며 사회를 변화시킬 수 있는 강력한 힘입니다.

왜 기도인가?

그 어떤 혁명과 사회운동보다, 개인의 의식적 노력보다 기도가 더 강력한 힘인 이유는 무엇일까요? 우리는 지금도 이 땅을 통치하시는 분이 하나님이라는 사실을 믿기 때문입니다. 기도가 하나님을 움직이는 가장 강력한 힘이라는 사실을 알기 때문입니다.

하나님이 하시는 일은 크게 작정, 창조, 섭리 셋으로 나눌 수 있습니다. 작정은 하나님의 계획입니다. 하나님은 창세전에 계획하시고 계획대로 세상을 창조하셨습니다. 이 세상을 창조하신 하나님은 그 피조세계를 그냥 두지 않으십니다. 무책임하게 방치하지 않으십니다. 지금도 이 세상을 보존하고 통치하십니다. 이것을 섭리라고 합니다.

요셉의 삶을 이야기할 때 하나님의 섭리를 많이 이야기합니다. 요셉이 미디안 상인에게 팔려갔을 때, 보디발의 집에 종으로 있을 때, 억울하게 감옥살이를 할 때 요셉은 '이 시간만 잘 참으면 내가 애굽의 총리가 될 것이다' 하는 생각으로 견디지 않았습니다. 요셉이 애굽의 총리가 된 것은 악도 선용하시는 하나님의 섭리였습니다. 하나님의 섭리는 한 사람 한 사람의 인생을 주관하고 인도하십니다.

그런데 하나님의 섭리는 개인을 넘어 이 세상 역사 가운데도 나타납니다. 역사를 주관하고 이끄시는 분도 하나님입니다. 하나님은 애굽 바로 왕의 마음을 강퍅하게 하여 열 가지 재앙을 내리셨습니다. 이 일을 통해 온 세상에 하나님만이 참된 신이라는 사실을 보이셨습니다. 이방의 나라를 도구로 사용하여 하나님 앞에 불순종하는 이스라엘을 심판하기도 하셨습니다. 바사 왕 고레스를 통해 포로로 끌려간 이스라엘 백성을 돌아오게 하셨습니다. 구약과 신약 중간기 동안 모든 상황과 여건을 만들어 때가 차매 예수님이 이 땅에 오도록 하셨습니다.

하나님은 지금도 역사를 주관하십니다. 이것을 믿는 사람들은 이 세상을 변화시키기 위해 기도합니다. 기도를 통해 하나님의 뜻이 이 땅에 이루어지기를 소망합니다.

싸움의 정체

기도가 세상을 변화시키는 결정적인 힘인 또 다른 이유가 있습니다. 바로 우리가 이 세상에서 벌이는 싸움의 정체 때문입니다. 에베소서 6장 11-12절에 이런 말씀이 있습니다.

> [11] 마귀의 간계를 능히 대적하기 위하여 하나님의 전신갑주를 입으라 [12] 우리의 씨름은 혈과 육을 상대하는 것이 아니요 통치자들과 권세들과 이 어둠의 세상 주관자들과 하늘에 있는 악의 영들을 상대함이라.

11절에서 마귀의 간계를 대적하기 위해 하나님의 전신갑주를 입으라고 말합니다. 전신갑주는 마귀와 싸우기 위해 내가 준비해야 하는 것입니다. 그런데 전쟁에서 이기려면 내가 무언가를 많이 준비하는 것만으로는 안 됩니다. 지피지기면 백전백승이라고 했습니다. 싸우는 적에 대해 잘 알아야 합니다.

12절은 이 적의 정체를 보여주고 있습니다. 우리의 싸움은 혈과 육을 상대하는 것이 아닙니다. 우리의 적은 단순히 이 땅의 악한 통치자나 악한 제도가 아닙니다. 악한 세상을 주관하는 영적 세력이 있습니다. 악의 영들입니다. 그들이 이 땅에서 권세를 가지고 어둠의 세상을 주관하고 있습니다.

이 땅에서 단순히 악한 통치자를 몰아내고 악한 제도를 바꾸려고 노력하는 데는 한계가 있습니다. 악한 세상을 뒤에서 조종하는 악한 영들이 있기 때문입니다. 우리의 싸움은 근본적으로 영적 전투입니다. 이 세상에서 권세를 잡고 이 세상을 악하게 주관하는 악한 영과의 싸움입니다.

영적 전투에서는 우리의 힘만으로는 도저히 이길 수 없습니다. 악한 세력은 권세뿐만 아니라 간계를 가지고 있습니다. 힘도 있고 속이는 능력도 탁월합니다. 그러기에 바울은 에베소 교인들에게 하나님의 전신갑주를 입으라고 권면합니다. 하나님의 전신갑주를 입는다는 것은 내 힘으로 싸우는 것이 아니라 하나님을 의지하고 그분의 힘으로 싸우는 것을 의미합니다.

하나님을 믿고 의지한다는 것을 보여주는 가장 중요한 행위가 무엇입니까? 바로 기도입니다. 그래서 바울은 에베소서 6장 11절에서 17절에 이르기까지 전신갑주에 대해 자세히 설명한 다음, 18절에서 한 가지를 덧붙입니다. 기도입니다.

모든 기도와 간구를 하되 항상 성령 안에서 기도하고 이를 위하여 깨어 구하기를 항상 힘쓰며 여러 성도를 위하여 구하라.

모든 상황에서 할 수 있는 모든 종류의 기도를 하라고 이릅니다. 항상 깨어서 모든 성도를 위해 기도하라고 당부합니다. 이 기도를 통해 우리는 하나님을 온전히 의지할 수 있고, 하나님을 온전히 의지할 때 영적 전투에서 이길 수 있습니다. 마틴 로이드 존스는 11절에 나오는 마귀의 간계를 가리켜 이렇게 말합니다. "오늘날 교회가 악화된 상태에 빠진 주된 원인 중 하나가 마귀의 존재가 잊히고 있다는 사실에 있음을 나는 확신한다."[*]

적의 정체를 파악하지 못하면 싸움이 제대로 될 수 없습니다. 상대방을 잘 알지 못하고 공중에 주먹을 휘두르는 권투 선수가 될 수 있습니다. 기독교 사회운동을 부정하는 것이 아닙니다. 자기희생을 감수하고 거리로 나갔던 사람들을 폄하하는 것도 아닙니다. 그들의 열심과 노력은 인정합니다. 다만 무엇이 먼저인지 생각보아야 합니다.

기도가 먼저입니다. 기도 없이 무작정 열심히 일하는 것보다 기도하는 것이 더 효과적입니다. 기도를 통해 우리는 적이 누구인지를 분명히 알 수 있습니다. 기도를 통해 하나님을 의지하며 싸움에 나설 수 있습니다. 기도를 통해 사회운동을

---

[*] 존 스토트, 『하나님의 새로운 사회』(박상훈 역, 아가페, 1996)에서 재인용함.

하든 구제를 하든 무엇을 하든 간에 어떤 것이 옳은 방향인지 하나님께 지혜를 얻을 수 있습니다.

기도해야 합니다. 우리가 살고 있는 대한민국을 위해 기도해야 합니다. 나라를 위해 기도할 책임이 교회에, 우리에게 있습니다.

❖ 정리와 나눔

1. 사회를 변화시키고자 하는 많은 운동이 있습니다. 어떤 운동보다 기도가 더 강력한 방법인 이유는 무엇입니까?
2. 우리나라를 위해 무슨 기도를 해야 할까요? 가장 필요한 기도제목을 다섯 가지 정도 적어보고 기도하는 시간을 가져보세요.

11. 세상을 바꾸는 힘, 순종

애굽에서 나와 40여 년 간 광야생활을 한 끝에 드디어 이스라엘은 요단강을 건너 가나안 땅에 들어섰습니다. 이제 진격하여 그 땅에 사는 족속을 몰아내고 약속의 땅을 차지할 일만 남았습니다.

그런데 가나안의 첫 관문인 여리고성 앞에서 하나님은 이스라엘 백성에게 그 성을 빙빙 돌라고 명령하십니다. 어이없는 명령이 아닐 수 없습니다. 여리고는 난공불락의 성입니다. 이런 상황에서 아무런 설명 없이 성을 돌라고 하는 것은 이해하기 힘든 명령입니다. 그럼에도 이스라엘 백성은 하나님의 명령에 순종했습니다. 언약궤를 앞세우며 성을 돌고 나팔을 불고 함성을 질렀습니다. 그러자 여리고성이 무너졌고 그들은 전쟁에서 승리했습니다. 성을 돈 행위 자체에 주술적인 힘이 있어 성이 무너진 것이 아닙니다. 핵심은 그들이 하나님의 말씀에 순종했다는 데 있습니다. 그들이 순종했을 때 하나님이 여리고성을 무너뜨리고 그들에게 주셨습니다.

땅 밟기 기도

예전에 대학가에서 '예수 행진'이 유행한 적이 있습니다. 말 그대로 행진입니다. 기독교 단체에 속한 학생들이 다같이 모여 행진을 하면서 캠퍼스를 누비는 운동이었습니다. 기독학생들은 캠퍼스 곳곳을 장악하고 있는 악의 세력이 무너지고 오직 하나님의 거룩한 영이 캠퍼스를 지배하도록 기도하며 행진했습니다. 주로 대학교 축제 기간에 이런 행사를 진행하여 축제 분위기를 망친다고 욕도 많이 먹었습니다. 남들 다 노는 축제 기간에 사람들의 따가운 눈총을 받으면서도 캠퍼스에 하나님의 영광이 드러나도록 기도하며 행진하는 그들의 열정은 참 아름답습니다.

그런데 이것이 마치 영적 땅 따먹기 식이라는 오해를 받을 수 있습니다. 어둠의 세력이 지배하고 있는 캠퍼스에서 하나님의 이름을 선포하면서 행진하면 그 세력이 물러난다는 식의 그림을 그릴 수 있습니다. 이런 식으로 다니며 기도하는 것을 이른바 '땅 밟기 기도'라고 합니다. 이스라엘 백성이 여리고 성을 돌았던 것을 모티브로 이런 기도를 합니다.

단기선교도 땅 밟기 기도를 목적으로 나가는 경우가 많이 있었습니다. 중국이나 중동의 여러 나라에서 공개적으로 복음을 전할 수 없을 때 땅 밟기 기도를 했었지요. 터키의 수도 앙카라에 가면 시내를 내려다볼 수 있는 높은 곳에 아타튀르크 사원이 있습니다. 이곳에서 비전트립을 온 청년들을 만난 적이 있습니다. 서너 명씩 조를 짜서 각 도시를 다니면서 땅 밟기 기도를 한다고 했습니다. 그들은 아타튀르크 사원에 와서도 열심히 기도했습니다. 시내를 내려다보면서 악한 영이 물러가기를 기도했습니다. 사원 곳곳을 다니면서 벽에 손을 대고 이곳에서 우상 숭배의 악한 영이 물러나기를 기도했습니다.

저는 비전트립을 반대하지 않습니다. 한국에서 기도하는 것도 좋지만 현지에 가서 그 땅의 상황을 살피면 더욱 사랑하는 마음을 품고 기도할 수 있습니다. 비전트립은 소중한 신앙 경험입니다. 하지만 단지 현지에서 영적 세력을 물리치기 위해 기도하러 비전트립을 간다면 문제가 있습니다. 한국에서 기도하면 하나님이 들어주시지 않을까요? 영적 세력을 물리치기 위해 기도한다는 것은 영적 땅 따먹기나 힘겨루기가 아닙니다.

참다운 기도의 능력

여리고성 함락을 이야기하면서 중요한 것은 순종이라고 말씀드렸습니다. 이스라엘 백성이 여리고성을 돈 행위 자체에 무슨 힘이 있는 것이 아닙니다. 그것이 하나님께 순종한 행위였기 때문에 성이 무너졌습니다.

기도도 마찬가지입니다. 기도의 능력이 나타나기 위해서는 순종이 전제되어야 합니다. 김세윤 교수는 그의 책『주기도문 강해』에서 주기도문의 기도는 단순한 요청이 아니라 삶의 결단이라고 말합니다.* 주기도문을 보면, 하나님의 나라가 오게 해달라고 기도합니다. 하나님의 뜻이 이루어지게 해달라고 기도합니다. 이 기도는 이 땅에 하나님의 나라, 메시아 왕국이 확장되기를 구하는 기도입니다. 하나님의 나라는 통치가 중요하다고 말씀드렸습니다. 하나님의 나라가 확장된다는 것은 하나님의 통치에 순종하고 하나님을 왕으로 모시는 사람들이

---

* 김세윤『주기도문 강해』(두란노서원, 2011)

한 명 한 명 늘어가는 것을 말합니다.

하나님의 나라를 위해 기도하는 것은 하나님을 왕으로 모시고 예수님을 주님으로 섬기며 살겠다는 삶의 결단을 요구합니다. 결단은 다른 사람들이 하나님의 통치를 받아들이도록 복음을 증거하는 실제 삶으로 이어져야 합니다.

우리가 우리에게 잘못한 사람을 용서해준 것같이 우리의 죄를 용서해달라는 기도도 마찬가지입니다. 이것은 입으로만 고백하는 기도가 아닙니다. 이제 내가 다른 사람의 잘못을 용서하겠다고 결단하는 것입니다. 기도는 삶의 결단을 요구하고 순종을 전제합니다. 삶의 결단과 하나님의 뜻에 순종함이 없는 기도는 허공을 치는 메아리일 뿐입니다.

기도와 삶

우리의 기도가 삶과 상관이 없다면, 기도 따로 삶 따로라면 그것은 바른 기도가 아닙니다. 어떤 사람이 건강을 달라고 열심히 기도하면서 정작 실제 생활 속에서는 운동도 안 하고, 과식하고, 몸에 안 좋은 달고 짠 음식만 찾아서 먹으면 건강이 좋아질 리 없습니다. 어떤 가장이 가정의 화목을 위해 열심히 기도합니다. 그런데 집에서 하는 행동을 보면 기도하는 내용과 전혀 다릅니다. 참을성이 없고 쉽게 화를 냅니다. 아내가 아무리 힘들게 집안일을 해도 거들떠보지 않고 TV만 봅니다. 이런 가정이 화목할 수 없습니다.

건강을 위해 기도한다면 건강하게 살기 위해 노력해야 합니다. 먹는 것을 조절하고 운동도 열심히 해야 합니다. 가정의 화목을 위해 기도한다면 화목한 가정을 만들기 위해 노력해야 합니다. 화나는 일이 있어도 참고 집안일도 함께 해야 합니다.

우리는 지금 세상을 바꾸는 교회의 힘에 대해 살피고 있습니다. 교회는 새로운 하나님의 백성으로서 이 땅에 하나님의 나라를 실현해가야 할 사명이 있기 때문입니다. 그러자면 우리가 살고 있는 대한민국을 위해 기도해야 합니다. 기도만큼 강력한 힘이 없습니다. 이 기도는 막연히 기도로만 끝나서는 안 됩니다. 삶 속에서 순종하는 모습으로 이어져야 합니다.

나라를 위한 기도는 삶의 결단으로 이어져야 합니다. 이 나라가 죄가 만연한 세상이 아니라 거룩한 나라가 되기를 기도한다면, 나부터 매일 거룩하게 살기 위해 노력해야 합니다. 이 나라가 정의로운 나라가 되기를 기도한다면, 혹시 내가 다른 사람을 부당하게 대하는 일은 없는지 주의해야 합니다. 이 나라가 정직한 나라가 되기를 기도한다면, 다른 사람에게 거짓말하거나 속임수를 쓰는 일이 없도록 노력해야 합니다. 이 나라에 가난하고 약한 사람들이 없기를 기도한다면, 주변의 약하고 가난한 사람들을 돌아보아야 합니다. 이렇듯 기도는 삶의 결단과 순종으로 이어져야 합니다.

구약성경에 나오는 요나 선지자는 하나님의 뜻을 알았습니다. 하나님의 뜻은 그가 니느웨로 가서 심판이 임박했음을 알리는 것이었습니다. 요나는 하나님의 뜻을 알았지만 순종하지 않습니다. 하나님의 뜻과는 달리 배를 타고 다시스로 도망칩니다. 결국 요나가 타고 간 배는 큰 폭풍을 만나고, 그 배에 탔던 사람들은 요나 때문에 죽을 위험에 빠지게 됩니다. 요나의 불순종이 주변 사람들에게 막대한 피해를 주고 있습니다. 하나님의 선지자가 사람들에게 복은커녕 화를 끼치고 있습니다.

예수님도 하나님의 뜻을 알았습니다. 하나님의 뜻은 예수님이 십자가에서 죽는 것입니다. 겟세마네 기도를 통해 하나님의 뜻을 확인한 예수님은 요나와 달랐습니다. 너무나 고통스러운 일이지만 하나님의 뜻에 순종합니다. 예수님의 순종을 통해 인간은 구원을 받았습니다.

우리는 하나님의 뜻을 알아야 합니다. 하나님의 뜻을 알기 위해 기도해야 합니다. 하나님의 뜻이 이 땅에 이루어지기를 기도해야 합니다. 하나님의 뜻을 알았다면 순종해야 합니다.

하나님의 뜻대로, 하나님이 원하시는 삶을 살아야 합니다. 우리가 순종한 만큼 세상은 변화될 것입니다. 우리의 순종이 세상을 조금이라도 바꿀 수 있습니다.

교회는 세상을 바꾸는 가장 강력한 힘을 가지고 있습니다. 기도입니다. 이 기도는 삶의 결단과 순종을 전제로 한 기도입니다.

❖ 정리와 나눔

1. 자신을 향한 하나님의 뜻을 알았던 요나와 예수님의 행동은 어떻게 달랐습니까?
2. 기도가 강력한 힘을 발휘하기 위해서는 무엇이 필요합니까?
3. 앞장에서 우리나라를 위한 다섯 가지 기도제목을 적어보았습니다. 이 기도를 이루기 위해 삶 속에서 자신이 할 수 있는 일을 생각해 보세요.

닫는 글

007 영화 시리즈가 있습니다. 얼마 전 개봉한 〈노 타임 투 다이〉는 이 시리즈의 스물다섯 번째 영화입니다. 정말 인기가 많은 영화 시리즈입니다. 이 시리즈 중 1997년에 개봉한 〈007 네버 다이〉가 있습니다.

이 영화에서 주인공 제임스 본드의 상대로 나오는 악당의 정체가 좀 특이합니다. 악당의 이름은 엘리엇 카버입니다. 그는 전 세계의 신문과 잡지, 방송, 위성방송 등을 장악한 미디어 그룹의 소유주입니다. 그는 미디어의 힘으로 세계를 장악하려는 꿈을 가지고 있습니다. 그래서 사건을 뉴스로 전달하는 것을 넘어 스스로 뉴스를 만들기 시작합니다. 위성을 이용해 남지나 해역에 있는 영국 군함이 중국 영토를 침입한 것처럼 조작한 뒤, 영국 군함과 중국 비행기를 격추시켜버립니다. 그러고 나서 이 일을 자신이 소유한 미디어를 통해 특종으로 보도합니다. 전 세계는 이 사건으로 3차 세계대전의 위험에 빠지게 됩니다. 물론 모든 문제는 제임스 본드가 다 해결하지만요.

이전의 007 시리즈는 냉전시대가 배경이었습니다. 그러다 보니 이 시리즈에 등장하는 악당은 주로 냉전시대에 걸맞는 스파이나 무기상 같은 자들이었습니다. 그런데 〈007 네버 다이〉의 악당은 미디어 그룹의 소유주입니다. 이는 세상이 바뀌었다는 것을 상징적으로 보여줍니다. 과거에는 우리가 대적해야 하는 적이 누구인지 분명했습니다. 하지만 제임스 본드의 적이 냉전시대의 스파이에서 미디어 그룹의 회장으로 바뀐 것과 같이 우리의 대적도 과거와 달리 아주 분별하기 힘든 모습으로 나타납니다.

정신을 똑바로 차리지 않으면 싸워야 하는 대상인지도 모르는 채 세상의 문화에 넘어갈 수 있습니다. 어렵사리 들어간 가나안 땅에서 그들의 문화에 동화되고 휩쓸려버린 이스라엘 백성처럼 되고 맙니다.

너희는 이 세대를 본받지 말고 오직 마음을 새롭게 함으로 변화를 받아 하나님의 선하시고 기뻐하시고 온전하신 뜻이 무엇인지 분별하도록 하라(롬 12:2).

이 세상에서 살지만 이 세상을 본받지 말아야 합니다. 오직 성령으로 마음이 새롭게 되어 변화된 사람이 되어야 합니다. 성경의 눈을 가지고 하나님이 무엇을 선하다고 보시는지, 하나님이 무엇을 기뻐하시는지, 하나님이 완전하다고 말씀하시는 것은 무엇인지 분별하며 살아야 합니다.

기독교 세계관 관련 추천도서

기독교 세계관이나 하나님 나라에 대한 책들은 철학적이고 신학적인 내용을 방대하게 담은 것들이 많습니다. 기독교 신앙의 토대를 이루는 중요한 개념이지만 선뜻 다가가기 어려운 이유이지요. 여기서는 이해하기 쉬우면서 핵심 개념을 실천적인 차원에서 잘 정리한 책들을 골라보았습니다.

신국원 『니고데모의 안경』
저마다 가지고 있는 가치관과 관점을 안경에 비유하며 성경적 세계관으로 보는 세상에 대해 설명합니다. 창조, 타락, 구속의 관점으로 개혁주의 기독교 세계관을 쉽게 풀어가고 있어 기독교 세계관에 대한 개념을 처음 접하시는 분들이 읽기에 적합합니다.

브라이언 왈쉬, 리처드 미들턴 『그리스도인의 비전』

기독교 세계관에 관한 교과서 같은 책입니다. 서양 세계관과 동양 세계관의 틈바구니에 끼어 위기를 겪는 안토니라는 청년의 예로 시작하며 세계관이란 무엇인지, 창조와 타락과 구속은 어떤 의미인지, 오늘날 세상을 지배하는 세계관은 무엇인지, 이런 세상에서 어떻게 살아야 하는지를 잘 정리하고 있습니다.

조지 앨든 래드 『하나님 나라의 복음』

신약학의 거장 조지 래드의 책입니다. 이 책에서 그는 하나님 나라의 복음을 신학적이거나 논쟁적으로 다루기보다 간결한 삶의 언어에 담아 이야기합니다. 성경연구 모임에서 나눈 내용을 정리한 책이므로 하나님 나라에 대한 개념이 보다 쉽게 와 닿을 것입니다.

김세윤, 김회권, 정현구 『하나님 나라 복음』

세 명의 저자가 각각 구약과 신약, 주기도문에 나타난 하나님 나라에 대해 설명한 책입니다. 구약과 신약을 넘나드는 다양한 주제들을 통해 하나님 나라가 어떤 곳인지, 우리가 하나님 나라를 어떻게 열망하고 담당하며 살아야 하는지를 잘 설명하고 있습니다.